21 世纪应用型本科规划教材

中小学多元智能英语教学活动设计及应用

The Design and Application of MI Activities in Primary and Middle School

潘景丽 著

電子工業出版社
Publishing House of Electronics Industry
北京 · BEIJING

内 容 简 介

本书以国外先进的"多元智能"教育教学理念为基础，阐述了多元智能理论下外语课堂教学活动的现状、与英语课程标准的结合、多元智能英语教学活动的设计及应用以及多元智能英语教学活动的评价等内容。理论篇精简扼要，活动设计及应用篇提供了案例说明，实用性强。文字易懂，便于教学与自学。

本书可作为英语专业本专科师范生的英语教材分析与设计课程的教材、中小学英语教学活动的教材，也可作为英语教学论、英语教学技能和英语教情景模拟等课程的辅助教材；同时，还可以作为中小学英语教师的培训教材等。

图书在版编目（CIP）数据

中小学多元智能英语教学活动设计及应用 / 潘景丽著. — 北京：电子工业出版社，2017.9

ISBN 978-7-121-19645-4

I. ①中… II. ①潘… III. ①英语课－教学设计－中小学 IV. ①G633.412

中国版本图书馆 CIP 数据核字(2017)第 195290 号

策划编辑：石会敏

责任编辑：石会敏　　文字编辑：蔡馥羽

印　　刷：北京七彩京通数码快印有限公司

装　　订：北京七彩京通数码快印有限公司

出版发行：电子工业出版社

北京市海淀区万寿路 173 信箱　　邮编：100036

开　　本：787×980　1/16　　印张：10.25　　字数：217 千字

版　　次：2017 年 9 月第 1 版

印　　次：2022 年 8 月第 6 次印刷

定　　价：30.00 元

凡所购买电子工业出版社图书有缺损问题，请向购买书店调换。若书店售缺，请与本社发行部联系，联系及邮购电话：(010)88254888，88258888。

质量投诉请发邮件至 zlts@phei.com.cn，盗版侵权举报请发邮件至 dbqq@phei.com.cn。

本书咨询联系方式：(010)88254537。

1. 广西教育科学“十二五”规划课题《中国—东盟合作框架下外语应用型人才核心素养研究》（编号：2015C433）研究成果。

2. 钦州学院教改项目校级重点《“一带一路”背景下基于外语应用型人才核心素养的培养模式》（编号：2016QYJGZ21）研究成果。

前　言

课堂教学由不同的教学活动来支撑和组成，课堂教学的目标由活动的具体开展来达成。课堂教学活动在教育教学中有着重要的意义。虽然我国外语课堂存在较为多样化的课堂教学活动，但在实际的操作中，教师多缺乏理论的指导，缺乏教学活动设计的能力以及组织教学活动的技巧。

从理论结合实际的角度出发，本着提高教师外语教学活动设计能力和应用能力的宗旨，作者撰写了本书。本书既是对外语教学活动研究的理论成果，也是外语教学活动研究的实践成果。从 2006 年开始至今，作者进行了 10 年的相关探索与实践。本书根据多元智能理论，结合我国外语教学的特点、学生的特征、学生的核心素养、外语教学的环境、外语课堂存在的困难和问题等，通过理论结合案例的方式，简明扼要地阐述了相关理论，设计了基于多元智能的多样化活动，提供了活动的操作步骤和应用建议，以期给外语教师、外语师范生以及对外语教学活动有兴趣的研究者和使用者提供借鉴和参考。

本书分为理论篇和活动设计及应用篇两大部分。在理论篇部分，本书简要地介绍了多元智能理论、新课标对中小学教学活动的要求，阐述了外语课堂教学活动存在的问题及其改善的路径，外语课堂活动与学科核心素养，以及多元智能理论下英语教学活动的设计原则及设计案例。本部分理论结合实践，方便读者快速理解和应用相应的外语教学理论。

在活动设计及应用篇部分，本书为不同多元智能类型的学习者设计了多样化的教学活动，提供了活动操作的案例，进行了活动分析并提出了活动应用建议。通过设计和应用有针对性的多元智能教学活动，训练学生英语语言知识和技能，发展学生的优势智能和弱势智能等，提升学生英语语言综合运用能力。

本书深入浅出，理论结合实践，既是科研成果，也可以作为教材使用。本书可以作为师范院校英语专业生中小学英语教学活动、英语教材分析与设计等课程的教材，也可作为英语教学论和英语教学技能等课程的辅助教材，还可以作为中小学英语教师培训教材和英语学习爱好者的学习资料等。本书有利于提升外语教师、外语师范生的教学能力、应用能力和提高外语人才培养质量。

潘景丽

2017 年 6 月

目　录

理　论　篇

活动设计及应用篇

理 论 篇

第一章

多元智能理论简介

1983 年，当代著名的心理学家和教育学家，美国哈佛大学教授霍华德•加德纳(Howard Gardner)提出了多元智能理论(The Theory of Multiple Intelligences)。他认为智能是在某种社会和文化环境的价值标准下，个体用以解决自己所遇到的真正难题或生产及创造出某种产品所需要的能力。人的智能是多元的，这些智能可被区分为七项[1]。

(1)语言文字智能(Verbal/Linguistic Intelligence)：口头和书面语言表达能力，包括有效地进行听、说、读、写活动的能力和从这些活动中进一步发展语言能力的能力，表现为个体能够顺利而高效地利用语言描述事件、表达思想并与人交流的能力。

(2)数学逻辑智能(Logical/Mathematical Intelligence)：有效进行数字运算和统计等活动的能力，表现为个体对事物间的各种关系，如对类比、对比、逻辑和因果等关系的敏感度，以及数理运算和逻辑推理等思维的能力。

(3)视觉空间智能(Visual/Spatial Intelligence)：知觉、创造和再造图画以及想象图画的能力，表现为个体对线条、形状、结构和空间关系的敏感度以及通过平面图形和立体造型将它们表现出来的能力。

(4)音乐旋律智能(Musical/Rhythmic Intelligence)：创造美的曲调和韵律以及理解美、欣赏美并在此基础上形成对美的感受和对美的评价的能力，表现为个体对节奏、音调、音色和旋律的敏感度，以及通过作曲、演奏和唱歌等表达自己思想和情感的能力。

(5)身体运动智能(Bodily/Kinesthetic Intelligence)：人自身的与体力紧密联系的操作能力，表现为个体能够较好地控制自己的身体，对事情能够做出恰当的身体反应以及善于利用身体语言来表达自己的思想和情感。

(6)人际关系智能(Interpersonal Intelligence)：能够较快地掌握和评价他人的语气、意图、动机和情感，并在此基础上与他人进行交往的能力，表现为个体觉察、体验他人情绪、情感和意图并据此做出适宜反应的能力。

(7)自我认知智能(Intra-personal Intelligence)：自我认识能力和对自己的情感和情绪状态进行适当调节的能力，表现为个体能够增强的意识和评价自身的情绪、个性和意志等，并在正确的自我意识和自我评价的基础上形成自尊、自律和自制的能力。[2]

1995 年，加德纳又提出，除了这七种智能，还有第八种智能：自然观察者智能（Naturalist Intelligence）：对人类所居住的自然界生态环境的鉴赏和深刻理解的能力。

加德纳认为智能是以组合的方式存在的。每个人或多或少都具备以上提到的几种智能，只是每种智能的发展程度不同而已。与传统的智能理论不同，多元智能认为人的智能不仅局限于传统意义上的以语言文字和数学逻辑智能为核心的智能。人的智能是多种独立智能的组合，每种智能都很重要，都有自己独特的表现方式。人与人之间的差别主要在于人与人所具有的优势智能的组合不同。对于一个个体来说，不是对比拥有哪种智能更重要，而是不同的个体更擅长在哪个方面表现或者通过哪种方式表现。

多元智能理论的提出，为我们呈现了一个全新的智能观，为变革传统教育教学提供了新的视角和多元的切入点，也为教育工作者挖掘学习者的潜能提供了新的途径和方法，给课堂教学带来了勃勃生机。

学习者智能上的差异使学习者学习的方式和表现的方式有所不同，兴趣爱好也不同。教育教学要多角度、多方面地去发现学生的优点，学生的潜能；要认真对待学生的个体差异，使每个学生都得到最大限度的发展，这些是多元智能理论给教育工作者的启示。由于他们所拥有的优势智能组合不同，为了提高学习的效率和效果，需要教师尊重学生的差异性，寻找多个切入点，让学习者通过他们擅长和感兴趣的方式进行学习，而不是一味地要求所有的学生用同样的方法学习相同的内容。

多元智能理论提出后，便在教育界得到广泛应用。仅在美国，有关多元智能的学校或加德纳实验学校就有一百多所。经过多年的教育教学实践探索，美国探索出了多元模式课程（Multimodal Curriculum Design）、智能本位的课程（Intelligence-based Curriculum）、发展本位的多元智能课程（Developmentally-based MI Curriculum）和艺术本位的课程（Arts-based Curriculum）这四种典型的课程模式；同时，转变了教师的学生观和更新了对学生的评价方式。[3] 该理论在美国和世界各地其他二十多个国家和地区产生了深远影响，已成为许多国家和地区教育教学改革的重要指导思想。我国也有越来越多的学者加入智能理论研究的行列。

参 考 文 献

[1] Gardner, H. Frames of Mind: the Theory of Multiple Intelligences [M]. New York: Basic Books, 1983.

[2] 余文森. 新课程背景下的公共教育学教程[M]. 北京：高等教育出版社，2008.

[3] 张晓峰. 多元智能实验美国的实践与效果[J]. 全区教育展望，2002(9).

第二章

中小学学生的特点及其发展对教学活动的要求

第一节　中小学学生的特点

一、小学生的特点

(一)感知

小学生感知事物时，他们的无意注意和情绪性往往起支配作用，年龄越小这些特点越明显。例如，小学生喜欢接受具体的、突出的、鲜明的东西。他们观察事物时，容易因受干扰而离开原有或应有的目标，把注意力转移到次要的、与观察要求无关的方面去。小学生在上课时常常东张西望，思想开小差就是这方面的具体表现。经过教师的训练和引导，他们的感知和观察会逐步符合教学的要求，他们会在学习过程中明白上课时应该听什么、看什么，使自己感知的目的服从于教学的需要。如果教师的教学方法选择得合适，运用得当，使学生处在一个生动活泼、丰富多样的教学环境中，那么学生的感知就会在兴趣和情绪的支配下，随教学内容而起作用。

(二)想象力

小学生的想象力特别丰富，低年级小学生的想象以再造想象为主，而高年级学生的想象则开始具有创造想象的特征。小学生处在心理成长时期，他们的有意注意正在发展，无意注意还起着重要作用，因此他们的注意很容易分散，很容易受外界干扰和影响。但随着年龄的增长，小学生的这种情况在不断变化。如果教学活动比较有趣，教学方法比较吸引人，那么学生的有意注意的时间会长些。相反，如果所学材料枯燥，教学方法呆板，那么学生的有意注意的时间就会缩短。

（三）好奇心

儿童有强烈的好奇心，活跃是儿童的特质。鉴于他们特有的年龄特征，在小学英语教学中，设计和应用包含动作的游戏和歌曲，涂颜色、剪切和粘贴等身体反应活动，简单的故事重复，简单的口头交际活动等都比较适于此学段的学生。

（四）兴趣

在小学英语教学中，培养兴趣很重要。只有让小学生在学习中体验到快乐，体验到成功的喜悦，才能更好地培养学生的学习兴趣，激励其进一步学习。快乐学习导致成功学习，成功学习又反过来促进快乐学习，从而形成一个良性循环，有利于培养学生对英语学习的正确态度，有利于学生终生的语言学习。在小学阶段，学生在英语课堂上学习的远非英语知识和语言应用能力。

（五）学习特征

在学习方面，小学生的注意力较易分散，学习时精力集中时间比较短；理解复杂的语言指令还有一定的困难；目的性不如成人那样强，喜欢快乐学习；喜欢动身、动手、动脑做事情；自我管理能力不强；想象力丰富，想象的有意性增强，富于创造力；模仿力强，喜欢新事物，乐于参加活动；学习兴趣比较容易激发；容易培养兴趣和动机；以经验型学习为主；以具体形象思维为主，抽象思维的能力比较弱；以动觉学习为多，更多的是在使用中学习，通过参与游戏性的活动去感知语言。

（六）教学建议

根据小学生的年龄特点和学习特征，在英语教学中要注意以下这些方面：(1)指令要简单，最好配合以肢体语言；(2)每个教学活动的时间要短；(3)教学内容要具体形象；(4)教学方法要生动活泼，适合使用直观教学；(5)多设计动手动脑的活动，少设计语言训练的活动，以活动学习为主，减少机械性训练语言；(6)避免讲解复杂的语法规则，对语法规则的处理可以采用发现性活动，帮助学生概括语言使用规则；(7)活动设计要有明确的目标，要便于监控学生，保证应有的参与；(8)给学生提供发挥其想象力和创造力的机会；(9)给儿童提供良好的样本去模仿；(10)着重培养学生对生活和学习的良好态度，让儿童在学习中体验成功；(11)对儿童应尽可能多鼓励，努力使儿童感受学习的快乐；(12)注意学习方式的培养，注重学生身、心、学习全面发展。

二、初中生的特点

（一）注意力

初中生有意注意的发展极为显著，注意的范围扩大了，稳定性和集中性增强了，有意注意逐渐占主导地位，尤其是对感兴趣的事物更能集中注意。对此，教师应及时向学生提出识记的目的、任务，并要求他们学会自己提出识记的目的、任务。

初中生的注意也有了选择性。因此教师应在教学工作中使有意注意和无意注意相互转换，适当变换教学形式和方法以吸引学生注意。

初中生的意义识记虽有发展，但机械识记仍占优势。因此，教师应教给学生记忆的方法，培养他们意义识记的能力。

（二）思维

初中生的抽象思维逐渐占主要地位，但具体形象思维仍起重要作用，对有直观形象作支柱的概念最易掌握。因此，教师在解释抽象复杂的概念时，要尽可能地运用直观教具、形象化的语言、变式，从而唤起学生已有的知识经验。

初中生思维的独立性和批判性有了显著的发展，因而在学习上喜欢怀疑、争论和辩驳，对此教师应当珍视，不应当加以斥责或压制。

但初中生思维的独立性和批判性还很不成熟，思考问题时易固执己见或钻牛角尖。对此，教师要因势利导，耐心说服引导，教导他们虚心听取不同意见，仔细考虑问题。教师既要尊重、信任他们，满足他们的自尊心、自信心和渴望独立的要求，又要严格要求，使他们顺利渡过初中时期。

三、高中生的特点

（一）注意力

高中生的感知更有目的性和系统性，更加仔细和深刻，能发现事物的细节、本质和因果关系。注意力已具有主动性，能和明确的学习目的联系起来，从而能较长时间地注意自己毫无兴趣的学习内容。

（二）记忆力

高中生的记忆力也发展到一个新阶段，记忆的范围、速度、巩固程度都加强了。他们能按照一定的学习目的支配记忆，更多地用理解识记的方法记忆教材，找出内在联系，并自觉地分配复习，进行自我检查。

（三）思维

高中生的思维具有更大的组织性，能比较完整地按一定的系统表达自己的思想或意见，能对事物进行分析，找出本质特点；也具有一定的逻辑性和批判性，喜欢怀疑、争论，探索事物的根本原因，但不愿采取轻信盲从的态度，他们不但开始思考学习材料的正确性，也开始思考思想方法的正确性。

但是，高中生在认识上容易犯片面性的错误。因此，教师要继续培养他们的各种认识能力，发展各种感官的感受性，提高感知的目的和要求，指导感知的方式和步骤。发展记忆的品质，教给学生各种有效的、合理的记忆方法。特别要注意发展他们的逻辑思维和智能，对在思维的独立性和批判性发展中出现的片面性，要随时加以指导。

（四）自我意识

高中生由于自我意识发展的不平衡，有些学生往往把自己估计过高且看不到自身存在的缺点，因此，教师要帮助他们客观地了解自己、评价自己，启发他们进行自我教育，加强自我监督，在各方面都严格要求自己。[1]

（五）教学建议

学生是教育的对象，教育的成效要通过学生体现出来。总的来说，学生是发展中的人，是具有潜力的人，是能动的人，是社会的人，是独立的人，是求成性较强的人。学生是学习的主体。学生的学习，随着学生的年龄、知识与能力的情况不同，在不同的学段表现有所差异，教师要根据学生的实际情况有针对性地组织课堂活动，设计符合学生年龄特点、认知特点的活动，使学生能更好地投入学习中来。运用多元智能理论，设计和应用多样化的教学活动，运用个人、两两、小组、全班性等活动形式，不断地变换形式和内容以有效地减少学生感知的任意性，让他们在既定的教学目标和教学内容中感受语言知识，培养和发展语言技能。

第二节　学生发展对教学活动的要求

从学生的个性差异的角度来说，每位学生都有某种优势智能领域。这些智能是可以通过教育和教学加以培养和发展的。

通过运用加德纳提出的多元智能理论，充分利用学生的优势智能进行教学活动。教师除了帮助学生发现和利用自己的“闪光点”，促进其特殊才能的充分展示之外，还应帮助学生将优势智能领域的特点迁移到其他智能领域。教师在充分认识、肯定和欣赏学生优势智能的基础上要鼓励和帮助学生将自己的优势智能特点迁移到弱势智能中去，从而使弱势智能也得到最大限度的发展，促进学生的全面发展。设计和开展多元的英语教学活动，面向全体学生，尽量照顾到具有不同优势智能的学习者，满足学生的不同需求，发展学生的优势智能和促进弱势智能，促进学生各种智能的全面发展，提供给他们更多平等的学习和表现机会，并让其个性得到充分照顾。

多元的英语课堂活动设计可以从整体上提高学生的智能素质，从而取得更好的教学效果和学习效果；同时，可以创建有效英语课堂，迎合新课标的要求。

在具体的课堂教学中，教师可以根据教学的内容和学生的实际情况选择恰当的教学方式，采取多种教学策略，使每个学生都有机会根据自己的智能特点选择学习方式，促进教学实践的有效开展。

参考文献

[1] 徐学莹，张荣盛.普通教育学[M]. 桂林：广西师范大学出版社，1995.

第三章

新课标与英语教学活动

第一节　新课标对英语教学活动的要求

在我国，英语是学习人数最多的外语语种。在外语教育教学改革中，英语学科具有很大的代表性。教育部颁布的《义务教育英语课程标准(2011年版)》将义务教育阶段英语课程的总目标设定为“使学生形成初步的综合语言运用能力，促进心智发展，提高综合人文素养”。英语课程的基本理念也体现了教学活动在外语人才培养中的重要地位。

(1)注重素质教育，体现语言学习对学生发展的价值。

(2)面向全体学生，关注语言学习者的不同特点和个体差异。

(3)设计整体目标，充分考虑语言学习的渐进性和持续性。

(4)强调学习过程，重视语言学习的实践性和应用性。

(5)优化评价方式，着重评价学生的综合语言应用能力。

(6)丰富课程资源，拓展英语学习渠道。[1] 其中，课程基本理念中的第二点提到的要面向全体学生并考虑学生的不同特点和差异性，要考虑全体学生的发展需求，根据学生的不同需求和学习特点，最大限度地满足个体需求，获得整体教学效益最大化。

由此可见，学生的个体差异是外语教学必须考虑和处理的问题，而这个正是多元智能所倡导的。从人才培养的角度来说，课堂教学活动是人才培养的具体措施，其设计及使用要体现语言学习的规律，要有渐进性和持续性，要紧密联系学生的生活并且强调其实用性和真实性，才能让学生的学习更有针对性和成效。学生学习的成果评价也要根据不同的教学目的采取多元化和优化的方式来进行检测和评价；同时，语言的学习要放在现实感强的场景。语言来源于生活，语言的学习要回归生活，现实中存在的丰富的、多样化的实物、媒体等教学资源，需要教师灵活运用和敢于运用。英语课程标准倡导教师尽可能多地为学生创造在真实语境中运用语言的机会，鼓励学生在教师的指导下，根据体验、实践、参与、探究和合作的方式，逐步掌握语言知识和技能，发展自主学习的能力。

即将颁布的高中英语新课标的修订是以培养学生综合语言运用能力和英语学科核心素养为目的的。“英语学科核心素养”包括语言能力、思维品质、文化品格和学习能力四个方面。英语新课标提倡探究、在语言实践活动中训练思维、构建知识、发展英语学科综合语言运用能力；教学方式也倡导向多种教学方式转变，因材施教、创新教学，培养学生的学习兴趣和学习热情。[2]

新课标明确了培养目标的变化和教学方式、学习方式的变革。

(1)新课程强调教学过程是师生交往、共同发展的互动过程，拉近了师生之间的距离。课堂的中心从以教师为中心(Teacher-centered Class)向以学生为中心(Student-centered Class)转变。

(2)新课标关注个体差异，满足不同的需要，注重培养学生的独立性和自主性。学习方式开始逐步多样化，学生在质疑、调查、探究中主动参与、勤于动手，在实践中学习，使学习成为在教师指导下主动的、富有个性的过程。

(3)新课程带来了课堂组织形式的变化。课堂较多地出现了师生互动、平等参与的生动局面。教师尽可能地组织学生运用合作、小组学习等方式，在培养学生合作与交流的同时，调动每个学生的参与意识和学习积极性。在教学中留给学生更多的空间，促进学生创造性思维的发展。教师创设能引导学生主动参与的教学环境，激发学生的学习积极性，培养学生掌握和运用知识的态度和能力，使每个学生都能得到充分的发展。[3]

总的来说，多元智能理论的应用符合新课标对课堂教学的要求。只要教师运用得当，课堂上呈现多样化的教学活动，照顾学生的个性发展，允许学生以自己喜欢的方式来学习，课堂教学的局面将会大为改观，更能促进学生潜能和个性的发展，培养创造性人才。

第二节　新课标对英语教学活动的具体描述

学习英语，不仅有利于学生更好地了解世界，学习先进的科学文化知识，传播中国文化，增进他们与各国青少年的相互沟通和理解，还能够帮助学生形成开放、包容的性格，发展跨文化交流的意识与能力，促进思维发展，形成正确的人生观、价值观和良好的人文素养等；同时，还能为他们未来更好地适应世界多极化、经济全球化和信息化奠定基础，为他们提供更多的接受教育和职业发展的机会。

在教育部《义务教育英语课程标准(2011 年版)》中，对于课程各级的教学任务和教学活动，有明确的描述和要求，具体如表 3-1 所示。

同时，《义务教育英语课程标准(2011 年版)》还对具体的词汇、语法等英语语言知识和听说读写语言技能的具体要求做了说明。课堂教学活动的设计，要紧密结合新课标的要求，根据学生的智能特点，进行有针对性的设计和应用。

表 3-1　一至五级分类目标描述

级　别	目 标 描 述
一级	对英语有好奇心，喜欢听他人说英语 能根据老师的简单指令做动作、做游戏、做事情（如涂颜色、连线）；能做简单的角色扮演；能唱简单的英文歌曲，说简单的英文歌谣；能在图片的帮助下听懂和读懂简单的小故事；能交流简单的个人信息，表达简单的感觉和情感；能模仿范例书写词句 在学习中乐于模仿，敢于表达，对英语具有一定的感知能力 对学习中接触的外国文化习俗感兴趣
二级	对继续学习英语有兴趣 能用简单的英语互相问候，交换有关个人、家庭和朋友的简单信息，并能就日常生活话题做简短叙述；能在图片的帮助下听懂、读懂并讲述简单的故事；能在教师的帮助下表演小故事或小短剧，演唱简单的英语歌曲和歌谣；能根据图片、词语或例句的提示，写出简短的描述 在学习中乐于参与、积极合作、主动请教，初步形成对英语的感知能力和良好的学习习惯 乐于了解外国文化和习俗
三级	对英语学习表现出积极性和初步的自信心 能听懂有关熟悉话题的语段和简短的故事；能与教师或同学就熟悉的话题（如学校、家庭生活）交流；能读懂小故事及其他文体的简单书面材料；能用短语或句子描述系列图片，编写简单的故事；能根据提示简要描述一件事情，参与简单的角色扮演等活动 能尝试使用适当的学习方法，克服学习中遇到的问题 能意识到语言交际中存在文化差异
四级	有明确的学习需要和目标，对英语学习表现出较强的自信心 能在所设日常交际情境中听懂对话和小故事；能用简单的语言描述自己或他人的经历，能表达简单的观点；能读懂常见文体的小短文和相应水平的英文报刊文章；能合作起草和修改简短的叙述、说明、指令、规则等；能尝试使用不同的教育资源，从口头和书面材料中提取信息、扩展知识、解决简单的问题并描述结果 能在学习中相互帮助，克服困难；能合理计划和安排学习任务，积极探索适合自己的学习方法 在学习和日常交际中能注意到中外文化的异同
五级	有较明确的英语学习动机、积极主动的学习态度和自信心 能听懂有关熟悉话题的陈述并参与讨论；能就日常生活的相关话题与他人交换信息并陈述自己的意见；能读懂相应水平的读物和报纸、杂志，克服生词障碍，理解大意；能根据阅读目的运用恰当的阅读策略，能根据提示独立起草和修改小作文 能与他人合作，解决问题并报告结果，共同完成学习任务；能对自己的学习进行评价，总结学习方法；能利用多种教育资源进行学习 进一步增强对文化差异的理解与认识

以语言技能分级标准一级的要求为例，在读写方面，要求学生能看图识词；能在指认物体的前提下认读所学词语；能在图片的帮助下读懂简单的小故事；能正确手写字母和单词；能模仿范例写词句。因此，在为小学 3、4 年级的学生设计课堂活动的时候，就要结合新课标的要求，训练学生和检测学生在这些方面是否能做到和做好。

总的来说，教学活动是教学目标达成的路径，贯穿了整个教学过程。利用好课堂这个阵地和运用好课堂教学活动这个手段，是提升教学有效性、培养外语人才的重要举措。

参 考 文 献

[1] 中华人民共和国教育部. 义务教育英语课程标准(2011 年版)[M]. 北京：北京师范大学出版社, 2011.

[2] 王蔷. 从综合语言运用能力到英语学科核心素养——高中英语课程改革的新挑战[J]. 英语教师，2015(16).

[3] 潘景丽，黎茂昌. 新课程中学英语教学与实践[M]. 成都：四川大学出版社，2011.

第四章

外语课堂教学活动的现状及改善路径

第一节　外语课堂教学活动的现状

一、活动与教学目标不匹配

课堂活动的开展是为了实现课堂教学目标，从而实现教育目标。外语教育教学旨在面向全体学生，发展和培养学生的综合语言运用能力。受目标语言文化和国外一些先进教育教学理念的影响，当前外语课堂还是令人欣慰地出现了“对话”和“角色扮演”等一些语言训练活动，学生在课堂上参与课堂活动的积极性相对较强。但是外语课堂却容易出现课堂活动与教学目标不匹配、不一致的情况。课堂活动开展得热热闹闹，但却与教学目标不相干或者不甚相干，成为了为了活动而活动、为了热闹而热闹的表演课，从而失去了外语课堂活动所承担的扎扎实实学习和应用外语的功能。这种现象在公开课中尤为突出。

究其原因，其一，是教师的课堂行为缺乏教育教学理论的指导。教师凭经验或感觉来上课，以模仿他人课堂操作为主。其二，是教师对课堂活动的设计和分析较为粗略，没有考虑清楚活动的目的、内容、形式、学生认知水平和智能优势、活动时间长短、资源利用等诸多因素而随意开展课堂活动，从而难以保障课堂活动与教学目标匹配，课堂活动为教学目标服务的目的。

二、教学指令不能有效调控课堂

课堂教学指令是有效调控课堂的手段之一。如果指令出现问题，常常会导致课堂活动无序或无效地开展。在外语课堂活动中，教学指令的问题显著。

(1)教师没能给出明确或相对完整的指令。外语课堂教学中因指令不清而影响活动顺利推进和完成的现象普遍，令人担忧。以一次课堂讨论活动的观察为例：活动开展之前，教师只说明了讨论的主题和学生讨论之后分享讨论成果的要求，没有说明活动时间的长短和要求学生采取什么活动组织形式来进行等，指令信息不够完整。因此，活动开展不久教师便发现学生活动的组织形式混乱，有些学生采取了小组活动，有些学生采取了两两活动，有些学生根本不参与讨论。于是，教师打断了学生活动，补充说明了要以小组组织形式来进行讨论并随后进行了组织。在小组继续讨论的过程中，教师又发现有些小组讨论速度过慢，时间没有把握好，于是又补充说明了讨论的时间限制。这时候，已经快到预设的活动结束时间了。由于教师所给的指令不够清晰和完整，且不断打断活动的开展，明显影响了学生完成任务的质量和效率。

(2)教师不执行教学指令。教学指令应该是有目的和有针对性的。课堂上如果要让学生服从教师的调控，养成令行禁止的行为习惯，教师就要以身作则，做好执行指令的模范。但是在课堂上，教师不执行指令，出尔反尔的现象却不少见。以时间指令为例，教师下达了给学生 5 分钟小组讨论抽烟的好与坏的指令并说了“现在开始”。但是接下来的时间，教师却继续补充说明一些与讨论话题相关的词汇和个人观点。一直到下课铃响，老师还在意犹未尽地解说，而说好的给学生的 5 分钟讨论时间，学生却一直没有等到。

(3)教师下达指令比较随意，依据不足。再以时间指令为例，教师没有根据学生在不同学科和学段的学习要求考虑单位时间内应该完成多少任务量的问题。例如，阅读一篇 500 字的文章的任务，应该需要给学生多少分钟来完成？很多教师常见的做法就是凭经验给时间或者是不管文章的长短都笼统地给三至五分钟的阅读时间。

(4)外语指令过长或过于复杂。指令过长或过于复杂的都容易使学习者把握不到指令的要点和分散注意力。如果学生的外语水平较低，还会无法理解指令，导致任务难以顺利完成。以上问题，都严重影响了课堂的有效调控和课堂活动的推进。

三、空讲

随着创建学生中心课堂的理念得到教育界的认同，学生在课堂上得到了更多讲的机会，有了更多表达个人观点和与人交流分享的机会。但是，无论是教师的讲还是学生的讲，都极为普遍地存在着缺乏可视材料辅助下的讲——空讲的现象，影响了课堂活动的有效性。

(1)教师借助可视辅助材料防止空讲的意识还不够强。实验心理学家瑞特赤拉实验的结果证明，人类获取的信息 83%来自视觉。视觉在学习活动中起到了很重要的作用。[1] 因此，在讲的同时，辅以可视材料才更有利于听众接收信息和促进理解。虽然课堂上教师有使用 PPT、教学卡片等可视材料作为讲的辅助，但是，总的来说，这种辅助意识并没能受到教师的重视并且贯穿整个课堂教学。而且教师的讲所借助的可视辅助材料往往是课前准备好的，当在课堂上临时或随机讲的时候，教师借助可视辅助材料的意识就更加薄弱了，因而往往容易变成空讲。

(2)课堂上学生空讲现象严重。如果说课堂上教师的讲还能借助 PPT 和板书等可视手段来防止空讲的话，那么学生的空讲现象更是明显和普遍了。课堂上，无论是学生个人的讲，还是学生小组的讲；无论是在介绍思路的时候，还是在呈现活动成果的时候，学生往往都是

“空口无凭”，很少能提供给听众可看的东西。缺乏可视材料辅助的空讲，往往会使听众听不清、记不住、抓不住重点而且容易分神。若是听的时间较长，严重程度更明显。如此，交流交互的内容和信息就得不到有效的接收和交流，课堂活动的有效性和教学质量明显受到了影响。

四、小组合作流于形式

语言是人类交际的手段。外语人才的培养，势必要培养学生的表达、交际和合作等能力。而这些能力的培养，很大程度上要通过课堂活动的开展去获得。小组活动可以给学生提供更多交流合作的机会并有助于学生构建自己的理解和知识结构。研究结果表明，合作学习使学生的在校生活更加有趣，同伴的支持也有助于他们的成功。[2] 但是在外语课堂开展的小组活动中，不少合作却流于形式，没能达到小组合作预期的效果。

(1)合作意识不强。学生在进行小组活动时，焦虑感相对降低，有利于学习，但同时依赖感增强。不少学生喜欢依赖小组中思维比较活跃的或者是学习成绩比较好的同学，希望这些同学代替他们去完成任务，自己却懒得去想、懒得去说和懒得去做。所以，小组合作预期要完成的任务往往就变成了部分被依赖的学生的任务。学生对合作的必要性和重要性缺乏正确的认识，没能具备良好的合作意识和没有形成良好的合作氛围。

(2)假合作。小组活动旨在让小组成员集思广益或取长补短，用各自所长来共同完成独自一人不易完成的任务。假合作有悖于小组合作交流的初衷。以小组讨论活动为例，常常会出现以下的假合作现象：有些学生在任课教师巡堂的时候就与组员讨论，若教师一离开，他们就开始不言不语，或者偏离讨论主题，东拉西扯。语言的使用也由用外语讨论改为用普通话甚至是用方言来进行。小组里只有少数人参与讨论，部分人员变成了“事不关己”的边缘人，自己做自己的事情。到了小组呈现讨论成果的时候，由于组内没有进行真正的合作和信息共享，小组讨论的成果往往就由某位发言者的个人意见或者部分成员的意见替代整组同学的意见，没有做到真正的交流与分享。

五、教学资源利用不充分

语言来源于生活。在外语课堂上，教师尽量通过课堂活动利用资源在课堂上重设语言应用的语境，将语言教学还原于生活。但是，语境的重设往往只停留在借助实物教学、PPT、教学卡片和简笔画等教具的层面，对资源的利用不够充分。造成这种状况主要有以下两方面的原因。

(1)忽视了教师自身这个资源。课堂处处是资源。实际上，教师本身就是一个很大的、很灵活、很多变的教学资源。教师的知识、教师的表达、教师的特长等，都是很好的、随时可用的资源。例如，教师可以根据教学需要恰当变化语音语调和辅以肢体语言来帮助学生理解所学内容。但是由于不少教师保持一贯的严肃和矜持，宁愿多花时间用语言去描述，也不大勇于以自身作为资源去做相应的展示，因此，教师自身这一大资源就被习以为常地浪费了。

(2)缺乏使用多元教学资源的认知。教学资源，除了物资资源之外，还包括人力资源、时间资源、空间资源和内容资源等。如果教师缺乏相应的认知，资源运用的思路难免会受限。

第二节　外语课堂教学活动现状的改善路径

一、分析活动目的，服务教学目标

如果要做到课堂活动与教学目标匹配并紧密为其服务，就要做好课堂活动分析和设计，明确每一个课堂活动的目的和定位。课堂活动目的和定位的分析与确定，可以从以下多个角度来进行。

(1)从教学目标的角度来看，课堂活动的侧重点有许多不同之处。有些侧重语言知识的学习，有些侧重语言技能的训练，有些侧重提高学生的跨文化意识，有些侧重培养学生的情感态度，有些则侧重提高学生的学习策略。

(2)从教学环节的角度来看，围绕明确的教学目标，课堂活动在不同的教学环节中起到不同的作用。有些是为了导入主题，有些是为了呈现新知识，有些是为了给学习者提供感知、理解语言的机会，有些是为了交际应用，还有些是为了复习巩固知识等。

(3)从语言学习理论的角度来看，课堂活动与语言学习规律紧密结合，促进语言的学习和应用。有些活动是为了加强语言的输入，有些活动是给学生提供逐渐吸收、内化语言的机会，有些活动是检测学生语言的输出。

(4)从教学对象的角度来看，学生所擅长的和喜欢的学习方式各不相同，因而应采取多元化的课堂活动，但活动也应紧密围绕教学目标来设计和开展。有些学生喜欢通过“读”来学习，有些学生喜欢通过“看”来学习，而有些学生则是喜欢通过“做”来学习。为了照顾学生的个性，提高学生的参与度，允许学生在课堂活动中用自己喜欢的方式来完成学习任务，如阅读文章这一活动任务，喜欢看的学生可以通过看材料，利用图文结构来梳理文章的结构和信息等；喜欢读的学生可以通过朗诵或诵读来感受文章的意境和文字的优美；喜欢做的学生可以通过情景剧或画画等方式来再现文章信息内容。最后通过师生交互和生生交互来共享多种方式阅读文章所带来的成果。这样的操作不但能完成学习任务，而且还能照顾到学生的个性差异和需求，呈现活动的多样化和活力，增强学生学习的愉悦感和成就感。

但是课堂活动的多元化必须紧密围绕教学目标和教学内容。只有课堂活动与教学目标紧密相关，才能做到有的放矢，为每节课的教学目标服务，为教育教学的总目标服务，最终达成人才培养的目的。

二、科学使用指令，调控课堂

要有效使用教学指令和实现其应有的调控功能，则要做到以下几点。

(1)要严格执行指令。令行禁止，才能更好地调控课堂和防止学生养成懒散和掩沓的习惯。师生要共同养成良好的执行指令的习惯。教师不但要与学生一起共同养成令行禁止的好习惯，而且还要起到执行指令的带头作用，这样指令才能更有执行力。

(2)教师要确保指令信息的明确性和相对完整性。指令主要用于教师传达信息、说明课堂活动要求、组织或指导教学活动的实施、调控课堂行为以及进行活动成果的表达呈现等，即说明谁去做、做什么、为什么做、怎么做、做多长时间等信息。活动的指令包括活动的主题、内容、组织形式、活动时间、分享方式等。明确、完整的指令，能让学生清晰地知道自己被要求做什么和怎么做，这样才更有利于提高活动效率，接近和达到教学设计的目的。

(3)指令下达要有依据。课堂教学指令的功能是引发、启动或制止学生的学习行为，组织和维系课堂教学活动。[3] 学科和教学对象不同，教学活动开展的具体量化要求也不同，以教学对象为例，高中生英语阅读的速度一般是每分钟约 70 至 80 词。指令的下达要做到科学合理和有理有据，就要根据教学对象所学的学科特点、学习内容、学段要求等在时间、空间和人力资源等方面进行一定的具体量化，不可随意。只有做到了有依据的具体量化，才能更科学合理地利用各类课堂资源，达成语言训练的目的。

(4)要简略得当和准确地使用外语下达指令，并辅以一定的肢体语言。给学生营造一个良好的外语学习环境，是外语课堂的任务之一。有些教师因为担心学生听不懂外语指令而使用母语，结果课堂上外语信息的输入就更少了，形成一种输入少、应用少、产出少的恶性循环，学生听懂外语指令的可能性就更低了。而断断续续地下达指令或使用太长、太复杂的外语指令，学生容易听不懂或抓不到指令的重点，活动则很难顺畅开展。因此，指令的下达，应该简洁扼要并尽量辅以一定的肢体语言和做一定的操作示范以帮助学生更快更好地理解和有效地执行指令。

(5)使用约定。约定是为了有效地控制教育教学活动而设计并形成一种默契的文化。孟照彬教授认为，教学调控最迅速、最便捷、最简单、最有效的方式是在可视状态下使用有特定含义的肢体语言或非可视形态下的声音传递。师生通过可视状态下使用有特定含义的肢体语言或非可视形态下的声音传递，能够快速准确地交流反馈信息，简洁有效地调控课堂。例如，学生掌心朝外表示“明白”，掌心朝内表示“不明白”；鼓掌三声表示“开始”，倒数十到一表示“归位”。

三、利用可视手段，讲和听有效结合

要避免空讲，做到讲和听有效结合和提高课堂活动的效率，可利用以下可视手段。

(1)运用板卡。空讲是教学质量的大敌，防止空讲的有效形式是板卡。[4] 板卡是指可视的不同尺寸的板或者卡之类的东西，包括 PPT、电子白板、黑板、纸张等。各种板卡有其各自的特点。PPT 可以事先准备，通过媒体可以充分展示生动的形象。电子白板集多方优点于一身，既可以呈现事先准备的材料，也可以临时书写添加。黑板方便师生随时书写和修改。

纸张更是方便，可以随意书写，可以随意在不同的地方书写，可以使用不同的尺寸，还可以保存。在讲的时候，根据板卡的不同特点和学习的不同需求有选择地使用板卡，能够避免空讲。

(2) 使用图文结构进行表达。图文结构包括表格、气泡图、线状结构图、饼状结构图和网状结构图等。可视图表能促进思维能力。[2] 与文字相比，图文结构更有利于加深理解和加快记忆速度。若能遵循以上建议，善用板卡和图文结构表达，课堂教学的有效性则能大为提高。以小组课堂讨论活动为例：小组讨论的时候，在大卡、黑板等板卡上使用图文结构记录讨论内容和成果的要点信息。这样操作，既能相对全面、快速地记录和呈现全组的意见，又有利于相互分享。同时，到了讨论结果呈现环节，发言人在板卡的辅助下，能更好地呈现和说明小组讨论的成果，并且有助于发言人讲得更加有理有据和加强与听众的交流。在可视材料的辅助下，听众能够综合运用视听觉，能更好地理解和记忆听到的内容，提高听的效率和质量。

四、小组分工合作，共享成果

小组合作学习是以个体学习为基础的，让不同个性、不同能力的学生都能自主地、自发地参加学习和交流，真正提高每个学生的学习效率。[5] 为了有效达到小组成员交流合作的目的，在开展小组活动时要做到以下几点。

(1) 明确小组分工，让每位组员都有事可做，各司其职。如果小组成员没有明确的个人任务，他们参与活动的积极性和责任感就会减弱。学生往往会把任务推给擅长完成此项任务的同学，而让自己置身事外。而且，由于缺乏从小组合作中获得的学习成就感，他们也会逐渐丧失对此项活动的兴趣和积极性。因此，教师可以根据教学的需要、任务的难易程度等让学生在组内进行分工，担任不同的角色，共同完成任务。分配角色的方式可以采取轮流担任角色、按特长分配角色或按民主推荐分配角色等。小组成员的角色根据活动要求可以多样化。角色可以有领导者或组织者、主持人、发言人、记录员、计时员、声控员、资料提供员等。组织者可以负责小组人员安排和做协调工作；声控员负责控制组员说话的音量，以不影响其他组为宜；计时员建议和督促时间的合理使用等。若小组人数有限，也可一人身兼数个角色。学生可以在不同的小组活动中根据任务要求和自身能力担任不同的角色。小组角色分工和各个角色各司其职可以解决小组活动一放就散、一放就乱的情况。通过组织和参与，小组里的每位成员都或多或少地对小组成果有所贡献。这种贡献促使学生产生成就感，保持学习的兴趣和动力。

(2) 做到共享。有效的小组合作，除了要做到分工明确，更重要的是要做到共享。共享是小组真正合作的体现。只有做到了小组的交流和共享，学生了解小组成果的产生及结果，才能从同伴那里学到更多的东西，获得贡献和分享所带来的荣誉感和成就感，使他们提高课堂活动的积极性并乐于参与其中。

五、充分挖掘和利用多样化教学资源

教学资源的充分利用有助于更快更好地提高教学效率和优化教学过程。要提高教学资源的利用率，就要充分挖掘和利用多样化教学资源。

(1)要培养教师充分利用教学资源和勇于利用自身资源的意识。教师就要以人为本，换位思考，从学生的角度去看待和处理课堂的一切；要有开放的心态，充分利用自身资源，更好地为课堂教学服务。

(2)教师要拓宽视野，多学习和应用多样化教学资源。课堂上，教师虽然有使用不少常见的诸如PPT、教学卡片之类的资源，但是也有不少资源被忽略，如物质资源、空间资源、内容资源、时间资源和人力资源。首先，在物资资源方面，忽略了墙壁的使用、地板的使用等。墙壁、地板和桌椅板凳一样都可以成为学生作业和展示的平台。其次，在空间资源方面，忽略了处处都可以是讲台和展台。课堂上的展示活动通常都是在讲台上进行。但是，学生从座位走到讲台，会浪费不少的时间。实际上，教室的每一处都可以是讲台和展台，只需要讲解和展示的人稍为注意讲解和展示的角度即可。再次，在内容资源方面，忽略了处处是教材。学生手里的教材，只是教学内容的某种呈现方式。在教学过程中，往往会出现很多新的相关内容或者是比教材更贴合学生实际的内容。如果教师对这些内容资源加以利用，允许课堂上的灵动和新资源的生成，学生的学习活动会更有趣和创造性。最后，课堂上人力资源利用不足。越是任务重、时间短，越应该利用团队合作和集体智慧在限定的时间内有效完成任务。只有教师拓宽了知识面和扩张了思维，以更开放的心态去尝试多元的方式，才能更好地利用资源去设计和组织课堂教学活动。

总的来说，外语课堂活动是实现外语教育教学目标的重要路径。在课堂活动的设计和实施中贯穿组织与参与的核心理念，才能更有效地组织学生参与课堂，充分利用课堂这个阵地。通过课堂教学活动，提高外语教育效率和优化教育过程，实现人才培养目标。

参 考 文 献

[1] 张春兴.教育心理学[M].杭州：浙江教育出版社, 1998.

[2] George M. Jacobs, Michael A. Power, Loh Wan Inn 著，杨宁，卢杨译.合作学习的教师指南[M].北京：中国轻工业出版社，2005.

[3] 牟金江.英语课堂教学语言的语用分类及其优化设计[J].教程・教材・教法，2007(2).

[4] 孟照彬.基本教学评价方式的变革[J].人民教育, 2012(13-14).

[5] 胡艳红.有效教育是通过“组织和参与”来实现的[J].当代教育论坛, 2007(1).

第五章

外语课堂教学活动与外语学科核心素养

第一节　外语学科核心素养

“核心素养”一词由国际经合组织（OECD）于20世纪90年代研究提出。“素养”是人们通过后天的修习涵养，形成具备一定知识、能力和态度的过程与结果。它是知识、能力和态度的综合化形态[1]。核心素养是回答“培养什么样的人”这一问题的答案，是学生逐步形成的适应个人终身发展和社会发展需要的必备品格与关键能力[2]。核心素养对一个人的成长具有重要的意义，也是教育教学应该围绕的核心。

发展学生的核心素养，目的是满足学生日后工作和发展的需要，成为21世纪具有核心竞争力的人。[3] 我国学生发展的核心素养研究逐渐深入。即将颁布的高中英语新课标认为英语学科的核心素养涵盖“思维品质、语言能力、文化品格和学习能力”。[4] 外语的学习，以意义探究为目的，在理解和表达的语言实践活动中，融合知识学习和技能发展，通过思维活动，构建知识和发展思维品质，形成文化理解和促进英语学科核心素养的养成。

提升学生英语学科核心素养，主要通过以下路径：第一，创设英语学习环境，营造英语学习氛围；第二，创建生活化英语课堂，模拟真实情境；第三，关注学生的个别差异与个性发展，有针对性地进行教学；第四，提高提问能力，注重语篇教学，培养学生的思维品质；第五，优化评价方式，提高学生英语学习的兴趣与动机。[5]

从多元智能的角度来说，智能的发展要通过解决实际问题来体现，并且与实际生活场景紧密相关。因此，多元智能对于发展学生的核心素养来说，不失为一个很好的理论支撑。从多元智能的角度出发，在英语课堂上应用多样化的、能照顾学生多元智能的、与学生生活紧密相关的、能启发学生思维和让学生产生兴趣的教学活动，对于学生核心素养的培养来说，是有效路径之一。

第二节　基于外语核心素养的中小学教学活动设计

英语是我国外语最大的语种，英语核心素养对于外语学科来说，具有很强的代表性。

作者针对外语学科素养之中的思维品质在教学活动中的培养做了研究。思维品质是个体的思维质量，是衡量个体智力水平高低的标准。思维品质作为英语学科素养中独立的核心素养被提了出来，说明思维品质的培养越来越受到重视。思维品质包括深刻性、批判性、灵活性、独创性和敏捷性五个方面。培养思维品质是发展学生智能和提高教育质量的好途径。[6] 思维品质的培养具有延续性和终身性，可以通过语言学科教育（包括英语学科教育）来提升，能让学生终身受益。

教育教学需要依托课堂这个阵地来落实人才培养目标。教学活动是实现教育教学目标的主要路径。那么，如何把思维训练融入课堂教学，设计和应用发展学生思维品质的英语教学活动呢？

作者以 Color（颜色）为主题，从多元智能理论的角度和促进学生思维品质发展的角度出发，设计和应用了以下涉及英语语音、词汇、语法学习和听说读写技能训练的教学活动来培养中小学学生的思维品质。

案例一

1. 活动名称：找颜色（Find the color）

2. 活动要求：(1)根据下列表格找出规律并请填写出相应的单词；(2)用给出的句型与同伴对话。

3. 活动素材：

(1)

Red	Blue	White	Red	Blue	?

(2)

Orange	Red	Blue	Green	Orange	Red	?	Green

句型：A: What color is it?　B: It's ______.

4. 活动分析及教学建议：这是一个词汇活动，也是个听说活动。此项活动要求学生通过观察和了解表示颜色的单词的排列规律，推算出空格处应填上什么颜色的单词。此活动既训练了学生对表示颜色的单词的“识”与“写”，也训练了学生的语言文字智能、口语表达能力和逻辑思维能力，促进学生思维深刻性、灵活性和批判性的发展。

5. 活动难度调整：教师可以运用更复杂的推理规律或者增加单词数量来让学生思考和推算。

案例二

1. 活动名称：调色板（Make the color）

2. 活动要求：根据下列给出的表示颜色的单词，判断会产生什么新的颜色并把此颜色的单词写在相应的等式里。

3. 活动素材：

Blue + Yellow = Green

Red + Yellow = ?

Red + ? = Pink

……

4. 活动分析及教学建议：此项活动主要照顾了语言文字智能的学习者，同时涉及了几个方面的训练。第一，练习了表示颜色的单词，学生可以辨认和读出这些单词。第二，检验了学生调色的常识。例如，红色加上黄色，会产生什么颜色？红色加上什么颜色可以得到粉色？第三，训练了学生的思维。在此项活动中，训练了学生分析和推理的能力，培养了思维的深刻性。

5. 活动难易度调整：如果教师想进一步训练学生的发散思维和增加活动的难度，以及扩大表达颜色的单词的学习数量，可以给学生更大的思维空间。例如，让学生思考并说出：由三原色之一的黄色(Yellow)，任意加上其他颜色，可以产生什么颜色？

如果教师为了降低难度和帮助学生梳理思维和构建关于颜色的知识结构，可以使用图文结合的方式帮助学生梳理清楚颜色之间的关系，加强识记和推理：

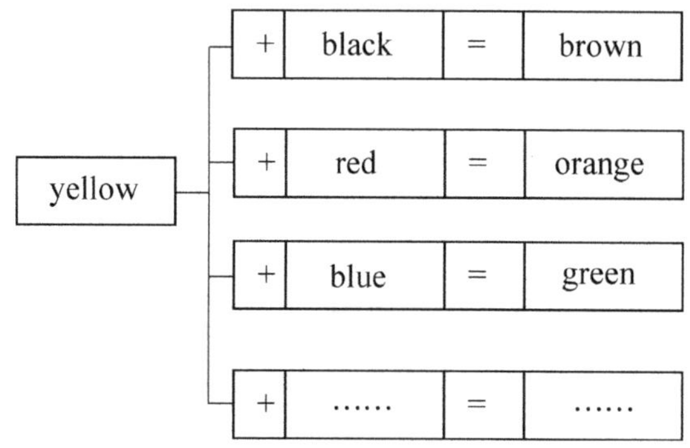

案例三

1. 活动名称：二十个问题(Twenty questions)

2. 活动要求：教师预设好某些单词或词组作为答案，然后要求学生用一般疑问句来提问，提问的机会共有 20 次。教师能回答的只有“Yes”、“No”或者“Sometimes”。以教师预设答案为“A brown skirt”为例，学生可以首先想方设法找到单词的范畴，然后猜出具体的单词。学生可以发问：

(1) Is it a kind of fruits/ animals/ foods? (2) Can we find it in the classroom/ kitchen/ supermarket? (3) …… (4) Is it a skirt? ……

学生在 20 次提问中能猜到教师预设的单词为胜。

3. 活动素材：教师可以把预设的单词答案写在小纸条上，抽到哪个答案就开展哪个答案的猜测活动。例如，预设的答案可以是：

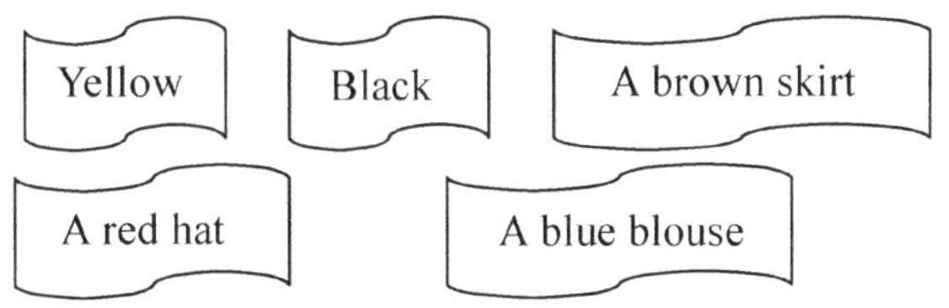

4. 活动分析及教学建议：这是一个照顾语言文字智能学习者和身体运动智能学习者的教学活动，也是一个语法与词汇活动，一个依托“一般疑问句”的猜字游戏。同时，这也是听说活动。在此项活动中，学生首先要自己进行思考，然后组织语言进行提问。活动开展的同时，学生需要倾听他人的提问，以免重复提问，浪费提问的机会。学生除了会听别的学生问了什么问题，也会关注其他学生是怎么提问的。

提问是英语课堂常用的学习活动。教师可以不断提问，启发、引导学生思考，从而自己找出问题的答案。提问是培养学生思辨能力的重要途径。培养学生的提问意识很重要。有效的提问能很好地引导学生思考，激发学生学习的兴趣，促进学生思维的发展。简单的提问，学生只需要做判断，回答“是否(Yes or No)”即可。与封闭式问题相比，开放性问题、高级认知问题更能够激发学生的思维。在回答开放性问题的时候，学生常常需要运用已知的知识，进行分析、推理、概括等思维活动，从不同的角度来分析和解决问题，从而培养思维的深刻性、灵活性、独创性、批判性和敏捷性。

5. 活动难易度调整：如果想降低该活动的难度，教师可以告知学生预设的单词答案的范畴，例如，该单词是本章节学习的表示颜色的单词之一。答案是一个单词，不是一个词组等。

如果想增加活动的难度，教师可以采取以下措施：(1)不告知学生细节信息，让学生自主猜测。(2)通过减少问题的总数量来增加难度。这样可以激发学生认真思考，珍惜提问的机会和提问的质量。(3)限时问答。让学生快速思考和快速组织语言进行提问。

案例四

1. 活动名称：画一画，说一说（Draw and say）

2. 活动要求：(1)学生任意画一幅图并上色；(2)学生两两组合或者小组组合，根据图画的内容进行对话。

例如：Student A: What color can you find in the picture?

Student B: I found black, yellow, green……

3. 活动素材：学生的图画。

句型：A: What color can you find in the picture?

B: I found……

4. 活动分析及教学建议：这个活动中，语言文字智能学习者、视觉空间智能学习者和人际关系智能学习者都得到了照顾。从人左右半脑的分工来看，右半脑倾向于形象思维，负责空间形象记忆、想象、视知觉、美术和音乐节奏等；左半脑倾向于逻辑思维，负责逻辑理解、语言、记忆、分类、判断、分析、排列等。在此项活动中，学生先画画，后思考，组织英语语言表达的不同观点和进行听说训练，锻炼了学生的形象思维和逻辑思维。

5. 活动难易度调整：此项活动涉及了英语语法、词汇知识和听说技能的训练。如果学生语言能力好，可以提高学习要求：(1)让学生说更长更完整的句子，例如：I found green leaves, blue sky, red roof……；(2)要求学生用复合句来表达，例如：I think you have drawn a tree, a big house, some girls on the green lawn……或者 As it is seen in the picture, ……

案例五

1. 活动名称：填表(Fill in the table)
2. 活动要求：学生阅读短文，根据短文内容将相关信息填写到表格中。
3. 活动素材：

My favorite color

Everyone has his or her own favorite colors. I have three favorite colors. They are pink, blue and red.

Pink is the color of tender feeling. It can make me feel warm and tender. I also like to wear clothes in pink. I think it's the most beautiful color of all.

Blue is the color of peace and pure. It was chosen as the color for sky and water. It looks very clean; it can make me feel easy in mind.

Red is the color of passion and happiness, the earth would be empty without it. Another reason is that the Chinese banner is red, I love my mother-land, so I love red.

What is your favorite color? I think if you don't like these colors; when you read my essay, you will like me, love these colors. [7]

1) What color does the writer like and why? Fill in the table.

2) Work in pairs. Check the answer with your partners.

NO.	Color	Reasons
1		
2		
3		

4. 活动分析与教学建议：此项活动为阅读教学活动，照顾了语言文字智能学习者和人际关系智能学习者。学生通过通读语篇来提取信息和处理信息。为了更好地梳理信息和思考，

训练学生的逻辑思维，帮助学生明确信息的主次、理解文章的主要内容和文本的框架，较全面地分析、思考和解决问题，可以在阅读中借助图、表等转换方式(Transition devices)训练思维。阅读活动常常能让学生在知识构建和技能训练方面得到锻炼，还让学生经历了提炼、识别、比较、整合、推论、归类、质疑和阐述等思维活动，培养思维的深刻性、批判性、独创性、灵活性和敏捷性。

5. 活动难易度调整：(1)增长文章篇幅。长篇幅的文章涵盖的内容多，需要学生更缜密的思考和分析概况，利于培养学生思维的深刻性和批判性。(2)限定时间完成阅读理解的任务。限定活动时间，能够更好地检测学生思维的深刻性、敏捷性和灵活性。

案例六

1. 活动名称：故事火车(Story train)

2. 活动要求：(1)以小组为单位开展活动；(2)组员在有限的时间内轮流写句子，每人每次写一句；(3)在限定的时间内又快又好地完成任务的组获胜。

3. 活动素材：

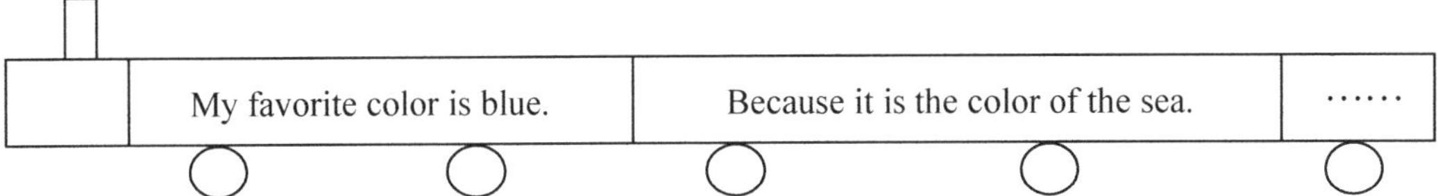

4. 活动分析与教学建议：这是一个写的活动和照顾语言文字智能学习者、人际关系智能学习者的活动。“说”与“写”是输出性技能，最能检测学生思维的成果。通过检测学生的写作表达是否有逻辑性、是否能从多维度来写作、写作内容和方法等是否有创新等都能检测出学生思维品质发展的状况。在开展此项活动时，教师可以根据教学目的和内容，着重训练某项思维品质或某几项思维品质。

在英语语言学习中，语言知识和语言技能的教学与训练是相辅相成的，不能截然分开。教师可以设计以某种语言知识为主的活动，也可以设计训练语言综合技能的活动。例如，听+说、读+写。学生在进行这些训练时，通过“做中学”，通过拓展思维的深度和广度、训练思维的多维度和灵活度、思维的速度和准确度，发展和提升思维品质。

5. 活动难易度调整：(1)可以调整主题的难易度，选择学生熟悉或不熟悉的话题；(2)限定的写作时间长短的控制可调节难易度；(3)对文章结构的要求可以调整难易度。例如，要求学生用过去完成时态来写句子或者要求文章出现尽可能多的时态的句子等。

综上所述，通过有针对性地为多元智能学习者设计和应用能培养学生思维品质的英语教学活动，能有效地促进学生思维批判性、深刻性、灵活性、开放性和创造性等思维品质的发展。

参 考 文 献

[1] 左璜. 基础教育课程改革的国际趋势：走向核心素养为本[J]. 课程教材教法，2016(2).

[2] 辛涛. 论学生发展核心素养的内涵特征及框架定位[J]. 中国教育学刊, 2016(6).

[3] 褚宏启，张咏梅，田一. 我国学生的核心素养及其培育[J]. 中小学管理，2015(9).

[4] 陈琳颂. 学生发展核心素养体系[J]. 英语学习(教师版)，2016(1).

[5] 潘景丽. 高校外语应用型人才培养体系研究[M]. 北京：现代出版社，2017.

[6] 林崇德. 培养思维品质是发展智能的突破口[J]. 国家教育行政学院学报，2005(9).

[7] 上官灵儿. My favorite colors [EB/OL]. (2011-10-22)[2017-1-10].http://www.ishuo.cn/zuowen/52029/MY-AVORITE-COLORS.html.

第六章

多元智能英语教学活动的设计及应用

第一节　多元智能英语教学活动的特点

对于英语教学活动的设计，无论是听说读写语言技能训练还是语音、词汇和语法语言知识的教学，课堂活动都应尽量照顾到不同的学习者，要因材施教。运用多元智能理论设计英语课堂教学活动，可以解决中小学英语课堂教学上的不少问题，促进学生的全面发展，兼顾学生的个性发展，创建有效的英语课堂，迎合新课标的要求。多元智能英语教学活动具有如下特点。

(一) 多样性

每位学生都具备其优势智能，例如：有的更容易通过音乐来理解问题，有的更容易通过数学来理解问题。由于学生的优势智能各不相同，针对不同的教学对象，教师应考虑活动设计的多样性和灵活性。“如果一位英语教师的课堂设计千篇一律，缺乏变化，学生会感到乏味厌倦”。传统的英语课堂中比较单一地运用有利于语言文字智能发展的活动，如对话和填空。但在英语教学课堂中，教师可以兼顾学生的不同优势智能，为他们设计不同的活动，把语言教学与运动、音乐、绘画、数学等联系起来，让学习活动多样化、丰富化，充分发挥学生的各种潜能，全面发展；同时，针对不同智能的学习者，教学活动的评价手段也应该多元化，应充分反映学生的不同智能和智能的各个方面。[1]

(二) 针对性

新课程提倡关注学习者的个体差异，满足不同的要求。教师应对学生进行智能倾向分析，根据学生的智能倾向，充分利用学生的优势智能有针对性地设计活动进行教学，让学生有机会发展他们的优势智能。多元智能的运用能因人而异、因材施教，有利于创建有效和有趣的课堂。

(三) 发展性

除了要关注学生的优势智能和尽量照顾到学生的个性发展之外，还应照顾到学生更广泛的能力的发展，设计多元智能活动给学生更多平等的学习机会和表现机会，让学生产生学习成就感。教师要认识、肯定和欣赏学生不同的优势智能，帮助学生将其优势智能领域的特点迁移到其他智能领域，从而使学生的弱势智能也得到最大限度的发展。

（四）真实性

认知心理学认为，如果输入大脑的信息具有一定的趣味性或实用性，那么当它达到大脑这一中心加工器时，便产生兴奋的情感，输出活跃的思想与行为，而真实的活动意味着将语法还原成实践。[2] 人类学家马林诺斯基也曾经说过："如果没有语言情景，那就没有意义，也不能代表什么。因此语言也只有在实景语言中产生。"[3] 利用多元智能理论设计课堂活动，让学生在真实的情景，或设置的情景，或贴近生活的情景中学习英语，能使学生学以致用，产生更大的学习兴趣，愿意积极地投入到学习中去，从而更好地培养学生的语言交际能力。

（五）趣味性

中小学生好奇心较强，因此设计活动时要抓住他们这一特点，让他们在快乐中学，避免让教学活动变得乏味，从而产生厌倦情绪。如果英语教学一直沿用过去的思路和办法，一成不变，学生的主动性和积极性就会受到限制，他们的思维和创新能力就难以得到拓展。充满乐趣的课堂能让英语课堂焕发生命力，让学生想学和乐学，从而更好地提高英语课堂教学质量。

第二节　不同优势智能及其相应的英语教学活动

教师要充分利用学生的优势智能进行教学活动，对于有着不同优势智能的学生应该设计多样化的活动，为学生创造英语氛围，激发学生学习英语的兴趣与爱好等，让学生参与课堂，有表现的机会，有学习成就感。教师不应忽视某一类智力的学能，应注意发展学生的优势智能，同时要让学生的弱势智能也得到最大限度的发展，提高课堂教学效率，达到教学效果最优化。运用多元智能理论，根据不同优势智能学习者的智能特点设计教学活动。

一、为以语言文字智能为优势智能的学习者设计的活动

以语言文字智能（Verbal/Linguistic intelligence）为优势智能的学习者擅长运用语言和文字来思考。他们的口头语言或书写文字的能力强。他们喜欢玩文字游戏，喜欢参加下列活动：阅读、写作、讨论、对话、辩论和讲故事等。课堂上，大多数教师都是为此类学习者设计英语教学活动，活动以对话、两人讨论和小组讨论居多。针对这类学习者的优势，教师还可以设计"替换句型、背诵课文、讲故事、演讲、记忆游戏、辩论"等活动来发挥他们的长处。

二、为以数学逻辑智能为优势智能的学习者设计的活动

以数学逻辑智能(Logical/Mathematical intelligence)为优势智能的学习者喜欢靠推理来思考。他们有效地运用数字和推理的能力强。他们喜欢提出问题并执行实验以寻求答案；喜欢寻找事物的规律及逻辑顺序；对可被测量、归类、分析的事物比较容易接受；对可探索和思考的事物和参观博物馆和天文馆等感兴趣。教师可以为他们设计“问答、单词组合、单词归类、段落排序、数字游戏、解决问题、找规则、科学实验、智力难题、批判思考”等活动。

三、为以视觉空间智能为优势智能的学习者设计的活动

以视觉空间智能(Visual/Spatial intelligence)为优势智能的学习者能准确地感觉视觉空间，并把所知觉到的表现出来。他们对于色彩、线条、形状、形式、空间及它们之间的关系很敏感，能将视觉和空间的想法具体地在脑中呈现出来。空间智能强的人在学习时是用意象及图像来思考。他们喜欢玩拼图、积木、走迷宫之类的视觉游戏；喜欢想象、设计及随手涂鸦；喜欢看书中的插图、录影带和幻灯片等。教师可以设计“匹配、拼字游戏、想象游戏”等活动和充分利用幻灯片、图片、单词卡片、板书和肢体语言等教学辅助手段来帮助他们充分发挥长处，更有效地学习。

四、为以身体运动智能为优势智能的学习者设计的活动

以身体运动智能(Bodily/Kinesthetic intelligence)为优势智能的学习者善于运用整个身体来表达想法和感觉，以及运用双手灵巧地生产或改造事物。身体运动智能强的人在学习时是透过身体感觉来思考。他们很难长时间坐着不动，与人谈话时，常用手势或其他的肢体语言。他们喜欢在户外活动，喜欢惊险的娱乐活动和体育活动；喜欢触摸环境中的物品，动手操作、建造东西，如雕刻、木工、缝纫、编织等；喜欢演戏和玩肢体游戏等。教师可以为他们设计“角色扮演、话剧表演、编排木偶戏、你做我猜、你画我猜、单词游行、击鼓传花、全身反应”等活动，让课堂动静结合或转换，营造良好的学习氛围。

五、为以音乐旋律智能为优势智能的学习者设计的活动

以音乐旋律智能(Musical/Rhythmic intelligence)为优势智能的学习者具备很强的察觉、辨别、改变和表达音乐的能力。这项智能包括对节奏、音调、旋律或音色的敏感性。音乐旋律智能强的人在学习时是通过节奏旋律来思考。他们喜欢弹奏乐器、听音乐会、音乐录音带和CD等。教师可以为他们设计“哼唱、节奏、听歌写词、改编歌词”等活动。运用这些活动，既可以照顾到以音乐旋律智能为优势智能的学习者，还可以在学习英语的同时活跃课堂气氛，激发学生的学习兴趣。

六、为以人际关系智能为优势智能的学习者设计的活动

以人际关系智能(Interpersonal intelligence)为优势智能的学习者具备很强的察觉并区分他人的情绪、意向、动机及感觉的能力。人际关系智能强的人靠他人的回馈来思考。他们在人群中感觉很舒服自在，通常是团体中的领导者。他们喜欢参与团体性质的运动或游戏，而不太不喜欢个人性质的运动及游戏；他们喜欢参加小组作业、小组交流、合作学习、交朋友、群体游戏、社交聚会和社团活动等活动。教师可以为他们设计“角色扮演、小组活动、两两活动、合作学习、背对黑板猜单词、小老师、讨论、辩论、小组项目、同伴辅导、访谈、社会调查、推销”等活动。

七、为以自我认知智能为优势智能的学习者设计的活动

以自我认知智能(Intra-personal intelligence)为优势智能的学习者有自知之明，并能据此做出适当行为的能力。自我认知智能强的人通常以深入自我的方式来思考，能够维持写日记或睡前反省的习惯；常试图由各种的回馈管道中了解自己的优缺点；经常静思以规划自己的人生目标；喜欢独处。提供独处的时间及自我选择等对他们而言是较为理想的学习条件。教师可以为他们设计个人完成或个人思考的“写日志、填空、造句、发现、设立目标、计划和梦想”等活动。

八、为以自然观察者智能为优势智能的学习者设计的活动

以自然观察者智能(Naturalist intelligence)为优势智能的学习者具备很强的认识、感悟、辨别、观察和适应自然事物、自然现象和自然环境的能力。自然观察者智能强的人喜欢观察、分辨、归类与计划；对环境和文化等方面感兴趣。教师可以为他们设计“实物展示、户外课堂、写观察日记、气象预告、预测、分类、照相、文化主题、制定动植物和环境保护计划”等活动。

第三节　基于多元智能理论的英语教学活动设计及应用

根据多元智能理论，根据不同的教学目标、教学内容及教学对象等，可以设计多元的英语教学活动来提高学生学习的兴趣，创设真实的语境，提高英语学习质量和学习效果。以英语词汇教学和语法教学为例，多元智能英语教学活动可以设计和应用如下[8]。

一、发展视觉空间智能的教学活动

直观教学是学习英语词汇有效的方法之一，特别是对于中小学学生来说更是如此。学生通过看到实物、卡片、简笔画等，真切感受到词汇所要表达的意思，加深了印象。以视觉空

间智能为优势智能的学生喜欢拼图、积木、走迷宫之类的视觉游戏；喜欢想象、设计及随手涂鸦；喜欢看书中的插图、录影带和幻灯片等。以外语教学与研究出版社 book 1, Module 7, Unit 1 的词汇学习为例，该单元要掌握的单词为：zoo, animals, monkey, funny, koala, cute, giraffe, tall, panda, butterfly, beautiful 等。针对教学内容，可以为他们设计以下的英语课堂词汇活动：

1. 匹配(Matching)

panda　　butterfly　　koala　　monkey　　giraffe

该活动相对简单，可用于测试学生对单词的形和义的掌握程度。

2. 简笔画(Simple drawings)

在英语教学中使用简笔画，有利于提高学生接受语言知识的兴趣，帮助提示语言与事物之间的联系。教师可以让学生进行两两活动(Pair work)，两名学生轮流用简笔画把所学的动物的形象用简笔画勾画出来，让对方说出这些动物的英文名称。学生虽有可能画得不像，但在画和说甚至是猜的过程中，学生的词汇已经得到了练习，达到了预期的练习结果，而且在这个练习的过程中会产生很多的乐趣，容易激发学生的学习兴趣。

3. 单词迷宫(Word search)

此活动既可以作为课堂活动，也可以作为课后活动。根据中学生的年龄特点和学习特点，他们对有一定挑战难度的活动感兴趣。因此，教师根据学生对词汇的熟悉度决定其难易程度。可以通过增加或减少 Word search 中所包含的单词的数量来调整题目的难易度。视觉空间智能的学生在此活动中能更快地找出要找的单词，表现更出色。以上述 unit 1 所要掌握的词汇为例，教师可以设计以下的 Word search。

Z	Z	A	N	I	M	A	L	S
K	O	A	L	A	O	X	L	A
C	O	F	U	N	N	Y	A	D
C	U	L	W	R	K	U	T	N
E	U	T	A	I	E	V	A	A
F	C	I	E	H	Y	N	D	P
B	U	T	T	E	R	F	L	Y
N	G	I	R	A	F	F	E	O

(Keys: zoo, animals, monkey, funny, koala, cute, tall, butterfly, panda, giraffe)

二、发展语言文字智能的教学活动

以语言文字智能为优势智能的学生擅长运用语言和文字来思考。他们的口头语言或书写文字的能力强。他们喜欢文字游戏，喜欢阅读、写作、讨论、对话、辩论和讲故事等。可以为他们设计以下的活动。

1. 单词网（Word net）

教师把学生分成不同的组，然后给出一个主题单词，例如 food。每组派代表到黑板上写出他们想到的和这个单词相关的其他单词，例如 vegetables，health，kitchen 等。每位代表最多只能写 3 个单词，其他的代表可继续按要求拓展各组的单词网。在规定的时间内写出与主题单词相关的、拼写准确的单词多的组赢。为了让活动丰富多彩，可以采取不同的分组方式，例如：按照学生的座位分组、按照性别分组、按学生出生年月分组和按学生喜欢的颜色分组等。

2. 造句（Making up sentences）

把词汇放入句子和语境中学习，做到词不离句、句不离文，有助于学生在交际中恰当地使用所学词汇。教师可以让学生根据所学的单词造句，或是通过造句把所要掌握的单词放到情境里串联起来。这样既可以让词汇的意义有所体现，有利于学生掌握和使用词汇，又方便学生记忆，同时还培养了学生的创造力。

3. 填空（Fill in blanks）

要准确掌握英语单词，就不能忽略单词的拼写。拼写活动的设计可以结合单词的发音。教师可以根据学生的水平和对单词掌握的熟悉程度循序渐进地设计恰当的单词填空。若是学生刚接触词汇不久，尚不能记住单词，教师可以设计只需学生填一两个字母的填空，例如 m_nkey, g_raffe 和 p_nda。然后过渡到让他们填写更多的字母，如 m_nk_y, g_r_ff_和 p_nd_，再过渡到只提供一个字母的单词填空，例如 m_ _ _ _ _ ,g _ _ _ _ _ e 和 p _ _ _ _。

三、发展身体运动智能的教学活动

以身体运动智能为优势智能的学生善于运用整个身体来表达想法和感觉，以及运用双手灵巧地生产或改造事物。他们很难长时间坐着不动。与人谈话时，常用手势或其他的肢体语言。他们喜欢运动、喜欢动手操作、演戏和玩肢体游戏等。针对他们的智能特征，可以为他们设计一些需要动起来的活动。

1. 单词阅兵（Word parade）

教师准备好几组字母卡片。每张卡片上写有一个字母。这些字母为学生组合单词所需。将学生分成两组或多组，将卡片均发给各组的学生。教师读出一个单词，各组持有该单词的字母卡片的学生则立即站到一起组合成该单词。能以最快的速度组合成正确单词多的组赢。此活动思考和动作相结合，符合大部分中学生好奇好动的特点。

2. 单词与动作(Word and action)

教师将学生分成几个小组。以组为单位，组内的同学轮流从老师那里抽取写有单词的纸条，通过动作的展示，让同组的同学猜单词。在规定的时间内猜对单词多的组赢。

以往学生端坐在座位上听课,这样对以身体运动智能为优势智能的学生的优势的发展有所抑制。此类活动融学习与运动为一体，能让他们积极地参与到英语课堂教学活动中去。只要教师掌握好活动的节奏和尺度，活动能为教学目标服务，就可以取得良好的教学效果。

四、发展数学逻辑智能的教学活动

以数学逻辑智能为优势智能的学生喜欢靠推理来思考。他们有效地运用数字和推理的能力强。他们喜欢提出问题并进行实验以寻求答案；喜欢寻找事物的规律及逻辑顺序；对可被测量、归类、分析的事物比较容易接受。针对他们设计的教学活动如下。

1. 组合单词(Organizing words)

教师把学生分成小组，提供一些字母给学生，让他们根据所给出的字母组合单词，字母可以重复使用。在规定的时间内组合准确单词多的组赢。例如教师给出字母 a, b, c, d, e, h, i, k, l, n, o, s, t, r, u 和 y，学生就可以组合他们学过的单词 kind, lady, library, cross, reach, corner, church, lab, suddenly, history 和 key 等。

2. 单词归类(Category)

数学逻辑智能的学生喜欢对事物进行分析和归类。在英语词汇教学中，可让学生根据单词的关系和特征进行归类，把孤立的、零散的知识串起来，对所学的知识举一反三、触类旁通。该活动可以用于新词呈现之前。新单词过多时，教师应该在设计此活动时先把单词分组再进行教学，这样可以提高单词掌握的有效性。该活动也可以用于复习。单词的归类有助于学生对单词的记忆，使单词的学习更加有条理和科学。归类可以按照单词的音、形或义等方法进行，形式可以多样化。

3. 上述 word parade 的活动也适合此类学习者

五、发展音乐旋律智能的教学活动

以音乐旋律智能为优势智能的学生具备很强的察觉、辨别、改变和表达音乐的能力。他们通常对音调和节奏很敏感，喜欢弹奏乐器和听音乐等。歌曲是为大众所喜欢和接受的，在课堂学习中适时地插入歌曲，可以创建一种活泼和愉快的语言学习环境，使紧张的学习得到舒缓，使学生的注意力更加集中，产生学习兴趣。教师可以选择一些与所学单词相关的歌曲或根据所学单词编写歌曲。有些课本提供有歌曲，若没有，教师可以选择一些学生熟悉的旋律，然后改编歌词。教师甚至可以自编歌曲来教授单词。适合他们的活动如下。

1．歌曲填空(Song cloze)

教师提供有空格的歌词给学生，让学生听歌填写所缺单词，例如使用如下的歌词材料。学生听歌的次数可以由学生的水平和教学目标等决定。

3 3 4 3 5 | 3 5 2 2 | 3 3 4 3 5 | 3 2 3 1 3 |

How is the weather? It's a ____ day. How is the weather? It's a _____ day.

3 3 4 3 5 | 3 5 2 2 | 3 3 4 3 5 | 3 5 2 1 2 ||

How is the weather? It's _____. How is the weather? It's ______.

(Keys: fine；cloudy；raining；snowing)

在该活动中，学生可以在美妙的音乐中练习词汇，快乐地学习。在实际的教学中，笔者发现大多学生喜欢通过歌曲的方式进行英语学习。此方式既能让学生学习外语，又能使学生得到音乐的熏陶，培养他们欣赏音乐的审美情趣。运用歌曲，让学生在欣赏优美的歌曲的同时增加词汇量，让乏味的词汇学习“活”起来。“寓教于乐”，何乐而不为呢?

2．编写歌曲(Write a song)[9]

根据学生学习的重点内容，运用一些学生耳熟能详的旋律把学习内容编进去，或根据学习内容，加以一定的旋律进行哼唱均可。以学习一般疑问句的问句、肯定回答和否定回答的内容为例，可以把句型编成歌曲教给学生。

3 5 6 3 5 — | 3 4 3 — | 3 2 1 — ||

Do you like playing basketball? Yes, I do. No, I don't.

学生通过哼唱句型，通过音乐和节奏，有利于学生记忆，同时，还能培养学生学习兴趣和创造力。

3．音高和音低（High pitch and low pitch）

在该活动中，当教师用高音读出一个单词时，学生则用低音再读一遍这个单词。反之，教师用低音读时，学生则用高音读。这一活动既能让学生集中注意力来练习单词的读音，也能调节和活跃课堂气氛。

六、发展人际关系智能的教学活动

以人际关系智能为优势智能的学生具备很强的察觉并区分他人的情绪、意向、动机及感觉的能力。他们靠他人的回馈来思考。他们喜欢参与团体性质的运动或游戏；喜欢参加小组交流、合作学习、交朋友、群体游戏和社团活动等活动。针对他们的智能特征，可以为他们设计以下的活动。

1．“停车！”（“Stop the bus!”）

教师将学生分成小组后给出单词的首字母和单词的种类。单词首字母及单词的种类由教师根据所要涉及的单词来设计。教师把要求写在黑板上，然后宣布“开始/Begin!”，

小组成员集思广益，填写完符合要求的单词后，马上举手并同时喊："Stop the bus!"教师则让该组的同学在黑板上写下答案，写对则得分。例如下面的内容(斜体单词为学生的答案)：

序号	开头字母	名词(动物)	形容词	动词
1	C	*cat*	*cute*	*catch*
2	M	*monkey*	*many*	*meet*
3	H	*horse*	*happy*	*have*
…				

2. 20个问题(Twenty questions)

教师把学生分成若干个组，每个组又分A、B两组，然后把一个装有写有单词的纸片的袋子分给各组的学生开展猜词活动。A组的一个同学先从袋子里抽出一个单词，看了之后让B组的同学轮流猜他所抽到的单词。B组的同学要求用一般疑问句轮流在20个问句内向该同学提问。A组的那个同学只能用"Yes"、"No"和"Sometimes"来回答。若B组的同学问完了20个问句后还不能猜出该单词则不得分，猜出则得分。之后A、B组两组交换问和答的角色，继续活动。由于为了有效地使用那 20 个问题，学生必须认真听同组成员提过的问题以尽快寻求答案。该活动不但可以用来练习和复习单词，还可以练习语法、训练英语口头表达能力和培养学生的合作精神。

3. 上述的一些词汇小组活动也均适合此类学习者

如：Word parade, Simple drawings 和 Word net 等。在英语教学中设计和使用这些有利于培养以人际关系智能为优势智能的学生的两两活动和小组活动(Group work)，既能增加词汇训练的机会，又能让学生产生"学习安全感"，促进彼此的了解，增进感情和增强团队精神。

七、发展自我认知智能的教学活动

以自我认知智能为优势智能的学生通常以深入自我的方式来思考；经常静思以规划自己的人生目标，有自知之明；喜欢独处。提供独处的时间及自我选择等对他们而言是较为理想的学习条件。传统的英语课堂中要求学生独立思考、独立完成的活动不少。上述的一些需要个人独立完成的单词活动也适合此类学习者，例如填空和造句等。

八、发展自然观察者智能的教学活动

以自然观察者智能为优势智能的学生喜欢观察、分辨、归类与计划；对环境和文化等方面感兴趣。人类天生就是自然观察者，渴望通过感官探索大千世界。针对他们的智能特征，教师可为他们设计与自然和观察相关的词汇活动，例如让他们写观察日记、描述植物的生长等。

上述设计的英语教学活动主要是针对某种优势智能的，但一项活动里涉及的智能同时也是多元的，活动往往可以同时兼顾其他优势智能的学习者。它们不是截然分开的，而是相互交融和相互渗透的。

在课堂教学中，教师不一定能在一节课里都能照顾到不同优势智能的学习者，但教师要有“学生是不同的学习者”这个意识，并尽量做学生优势智能的分析，根据教学目标和教学内容等，在教学的不同环节设计活动，在照顾学生整体水平的同时，科学、合理地为不同的优势智能的学习者设计多元的课堂教学活动，激发他们学习的兴趣，让英语课堂充满乐趣，焕发生命力，让学生想学和乐学，同时提高中小学英语课堂教学质量。

参 考 文 献

[1] 潘景丽. 多元智能视角下的中学英语课堂词汇教学活动设计[J]. 兴义民族师范学院学报，2012(2).

[2] 胡春洞，王才仁. 外语教育心理学[M]. 南宁：广西教育出版社,1996.

[3] 禹明. 小学英语教学理念与教学示例[M]. 武汉：华南理工大学出版社，2003.

第七章

多元智能英语教学活动的评价

多元智能教学活动既能照顾到学生的优势智能和个性，也能发展学生的优势智能，带动发展学生弱势智能。从评价的角度来说，英语教学也应该注重学生的主体地位，考虑学生的智能倾向，评估手段要多样化，采用终结性评价和形成性评价相结合、量化评价和质性评价相结合、笔头和口头相结合、期中期末测试和平时课堂的检测相结合等方式综合评价学生或建立学生学习档案，充分反映和检测学生智能和学习成果的各个方面，进行综合评价和动态评价。

在教学活动开展之前，教师可以做个前测，通过提问、使用思维导图复习已学知识等活动检测在新活动开展之前学生已经掌握的知识和已经具备的能力。在活动开展的过程中或完成某项活动之后，教师通过观察学生表情、提问、讨论和呈现等活动来检测学生知识掌握的情况。若大部分的学生已经掌握所学学习的内容或者大部分学生已经达到语言技能训练的效果，教师可以继续推进下一个活动，但如果检测结果显示，学生没有跟上老师的步伐，对活动涉及的知识一知半解，那教师就要继续开展活动处理学生所学知识，以为后面的活动搭建循序渐进的支架。在阶段性学习告一段落，或一节课结束之前，教师还要再次检测学生本阶段或本节课掌握知识和能力训练的情况，以确定和调整下一次教学活动开展的内容和方式方法等。

总的来说，外语课堂的教学，要以学生的学为主。通过形式多样的教学活动，照顾学生的优势多元智能，培养学生的成就感和自信心；同时，激发学生的弱势智能，使学生更全面、更好地发展。

教师在设计每节课的教学活动时，要考虑以下几点：(1)本节课的活动，是否照顾了不同智能的学生？(2)本节课的活动，是否涉及了“看、听、讲、想、做”？(3)本节课的每一个教学活动，涉及了“看、听、讲、想、做”的哪几项？(4)教师是否根据学生生理和心理的特点，设计了“动静转换”的教学活动？(5)活动设计和应用，是否能够让学生身心愉悦地进行外语学习？只要教师把学生的需求放到重要的位置，并勤思多想，逐渐建立自己的教学活动库，使用起来就能逐渐得心应手。

活动设计及应用篇

第八章

为语言文字智能学习者设计的活动

Activities for Linguistic Intelligence

☆ 4W 四个疑问词

☆ Self-introduction 自我介绍

☆ Is it ...? 它是……?

☆ Simon says 西蒙说

☆ Word boxing 单词搏击

☆ Story train 故事火车

☆ Whisper 传话

☆ Invite new friends 邀请新朋友

☆ Twenty questions 20 个问题

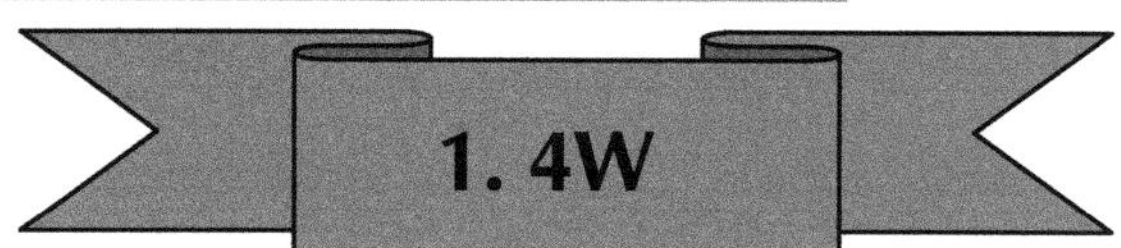

1. 4W

In order to make a new class feel more comfortable, an ice breaker is very necessary.

4W: who, what (what is he/she/they/you/sb. doing), where, when.

活动规则及步骤

Rules & Steps

1. The class is divided into groups of 4.

2. Students work in groups and think of answers of "4 W" and then say them out one by one. Any answer is acceptable. But they should think of answers individually at first, for example, student A thinks of answer of "who", student B thinks of answer of "what", student C thinks of answer of "where" and student D thinks of answer of "when".

And then, the four students say out their sentences one by one, that means they make the sentence together. For example, they may say a sentence likes that: "Tony is taking a bath on the playground yesterday" or may be "My mum is (was) having her breakfast on the table now".

3. Usually the sentence they make together will make EVERYONE laugh and makes the class feel more comfortable. If there are any grammar mistakes, the teacher may ask students to correct them or ignore them because the aim of the activity is mainly focused on building a good relationship among the students.

活动案例

Example 1

Make a sentence by using present continuous tense (现在进行时).

Student 1: who　Tony
Student 2: what　is taking a bath
Student 3: where　on the playground
Student 4: when　now

The sentence they make comes like this:

Tony is taking a bath on the playground now.

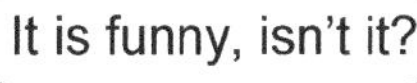

Example 2

Make a sentence by using past continuous tense（过去进行时）.

Student 1: who	His mum
Student 2: what	was singing
Student 3: where	on the table
Student 4: when	yesterday

The sentence they make comes like this:

His mum was singing on the table yesterday.

活动分析及应用

☆ 活动分析：

从多元智能的角度来说，此活动以照顾语言文字智能学习者为主；同时也可以照顾人际关系智能学习者。从教学活动环节的角度来说，此活动可以作为破冰活动或者热身活动。从语言学习的角度来说，此活动以英语口语和听力训练为主，可以作为学习或复习特殊疑问词的活动。

在此活动中，学生首先建立四人小组，每位学生分别负责想出或写出“who，what，where，when”这四个疑问词的信息/答案，然后四个人同时展示答案，组成一句包含“谁、在做什么、哪里、何时”这四个信息的句子。组合后的句子往往比较不合逻辑或不合常理，参与者会觉得比较有趣，从而使参与者之间的距离逐渐拉近，课堂气氛也逐渐融洽，营造良好的学习合作氛围。

从英语语法的角度来说，由于句子涉及人称、单复数、时态等语法现象，四位学生同时想出来或写出来的答案可能在语法上搭配不准确，但如果活动设计的目的是为了破冰，为了鼓励学生融入团队，积极与他人交流，可以暂时忽略语言的准确性，不纠正语法或词汇的错误。或者，为了尽量避免语法错误，可以提前约定句子的时态，例如，师生约定用 4W 造出一个现在进行时态的句子或者是一个一般过去时态的句子等。

☆ 活动应用建议：

1. 可以作为破冰、练习和复习等教学环节的活动。
2. 可以通过学生说的方式，也可以通过学生写的方式开展此活动。例如，让学生先各自把“4W”的答案写在纸上，然后公布4W连在一起的句子。

3. 首先开展个人活动(Individual work)，学生自己思考，然后可以开展小组活动(Group work)或全班活动(Whole class work)来分享成果。

Tips

Skills: listening, speaking.

Language: vocabulary, grammar.

Styles: can be an ice breaker, a warmer, etc.

Organization: individual work, group work, whole class work.

2. Self-introduction

活动规则及步骤

Rules & Steps

1. Demonstration:

1) The teacher prepares four pictures before the introduction. The four pictures show the teacher's experience and plans. The first picture is about "five years ago". The second picture is about "two years ago". The third picture is about "now". And the fourth picture is about "one year later".

2) The teacher introduces himself/herself by showing the four pictures one by one.

2. The students begin to draw the four pictures and prepare their self-introduction.

3. Students work in groups and give a self-introduction to group members by using the four pictures.

4. Representatives of each group introduce their group members to students in other groups.

活动案例

Example

1. Student A draws pictures to prepare her self-introduction.

Five years ago

Two years ago

Now

One year later

2. Work in groups. Student A introduces herself like this:

Five years ago, I went to Beijing with my Dad and Mum. We visited…

Two years ago, I went to the circus in Shenzhen which gave me a deep impression…

Now, I am quiet interested in drawing…

One year later, my family will pay a visit to my sister who works in Yunnan province…

3. Students in the group give self-introductions by turns. Questions are welcome after the introduction.

 活动分析及应用

☆ **活动分析:**

此活动主要照顾语言文字智能学习者，同时照顾视觉空间智能学习者。此活动以英语口语和听力的训练为主，着重练习或复习语法和词汇。

与传统的自我介绍相比，此活动利用图画，让学生更加放松和言之有物，辅以生动有趣和有个性的图画，学生更容易说出相对具体和给人印象深刻的内容，有利于营造良好的英语语言沟通环境；同时，也有利于训练学生英语语言的流畅性。

学生首先画出在四个阶段里自己的情况：Five years ago(五年前)， Two years ago(两年前)， Now(现在)和 One year later(一年之后)。通过图画，使他人能更好地了解介绍人以前、近期、现在和将来的情况；同时，也容易吸引听众的注意力。

其次，学生按时间顺序介绍四个时间段的自己所经历的事情、所喜欢的事情等，和听众一起分享，拉近与听众之间的关系；同时，训练学生表达的逻辑性和英语的表达能力。

☆ **活动应用建议:**

1. 可以作为破冰或者练习和复习语法等教学环节的活动。

2. 活动中的四个时间段可以根据活动需要进行相应的调整。例如，可以调整为相对简单的“In the past”、“Now”和“In the future”。

3. 首先开展个人活动(Individual work)，学生自己思考和作画，然后先在组内进行交流(Group work)。组员互相认识之后，由各组自由选出的代表在全班对全组成员进行简单介绍(Whole class work)。最后一个环节，能够促使学生更认真地倾听组员的发言和做记录，推进小组活动的有效性。

 **Tips**

Skills: speaking, listening.

Language: grammar, vocabulary.

Styles: can be an ice breaker, a practice, a review, etc.

Organization: individual work, group work, whole class work.

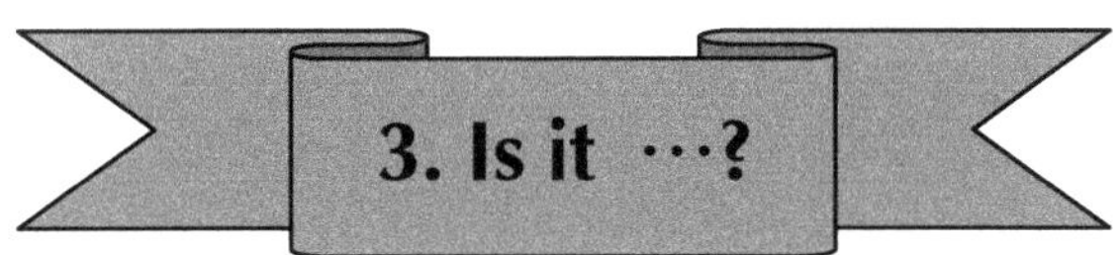

3. Is it …?

活动规则及步骤

Rules & Steps

1. The teacher prepares some word cards.

2. The teacher gives a word card to a student and other students use general questions to guess what it is.

活动案例

Example 1

1. The teacher gives the word card “giraffe” to a student.

2. The teacher tells the class the word is the name of a kind of animal.

3. The other students begin to ask general questions to guess the word, for example, “Is it a tiger?”, “Is it a monkey?”

4. The student who has the word card answers “yes” or “no”.

5. The teacher can limit the time of the activity or limit the times of the guessing.

Example 2

1. Students work in groups.

2. One student has a word card. Students ask general questions by turns to guess the word one by one. For example: “Is it an animal?”, “Is it a tool?”, “Is it a human being?” , etc.

3. The teacher can limit the time of the activity or limit the times of the guessing.

活动分析及应用

☆ **活动分析:**

此活动主要照顾语言文字智能学习者，以英语口语和听力的训练为主，着重练习或复习词汇和语法；同时，训练学生的发散思维和想象力。

语言文字智能是传统意义上的智能所指。传统的外语课堂，以照顾语言文字智能的学习者为主。例如，常见的 Make a dialogue(对话)、Speech(演讲)和 Debate(辩论)等教学活动。以语言文字智能为优势智能的学习者擅长运用语言和文字来思考。他们的口头语言或书写文字的能力强，喜欢玩文字游戏。此活动是针对他们的优势而设计的活动。

☆ **活动应用建议:**

1. 可以作为热身、练习和复习等教学环节的活动。
2. 可以通过全班性活动(Whole class work)、小组活动(Group work)和两两活动(Pair work)来开展。
3. 教师如果想降低活动的难度，可以告知学生词汇的范畴。

Tips

Skills: speaking, listening.
Language: vocabulary, grammar.
Styles: can be a warmer, a practice, a review, etc.
Organization: whole class work, group work, pair work.

4. Simon says

活动规则及步骤

Rules & Steps

☆ If the teacher says "Simon says…" before the instruction, the students must do what the teacher says.

☆ If the teacher **does not** say "Simon says…" before the instruction, the students must **not** do what the teacher says.

活动案例

Example 1

Practice verbs： stand up, sit down, open your books, close your books

1. When the teacher says: "Stand up!" The students don't stand up.
2. When the teacher says: "Simon says, stand up!" All the students follow the instruction and stand up quickly.
3. It's the same way to practice other words.

Example 2

Review adjectives: angry, happy, sad, excited

1. When the teacher says: "Simon says, angry!" All the students follow the instruction and show their angry quickly.
2. When the teacher says: "Angry!" The students don't follow the instruction.
3. It's the same way to practice other words.

活动分析及应用

☆ **活动分析:**

此活动主要照顾语言文字智能学习者，以英语听力和口语的训练为主，着重练习或复习词汇。

在此活动中，如果教师说了"Simon says"，学生就听从老师的指令，做出相应的动作或表情等；如果教师没有说出"Simon says"，学生则无须理会教师的指令。此项活动对训练学生注意力的集中有一定的帮助。学生如果不认真听指令，就会做出与其他学生不一样的表情或动作。这往往会让学生开心大笑，从而更加注意听指令和对此活动产生兴趣。开展此活动的同时，也训练了学生对词汇的听辨能力。

☆ 活动应用建议：

1. 可以作为热身、练习和复习等教学环节的活动。
2. 可以通过全班性活动(Whole Class Work)、小组活动(Group work)和两两活动(Pair work)来组织活动。
3. 建议使用动词和形容词等学生比较容易做到或呈现的词汇。

Tips

Skills: listening.

Language: vocabulary.

Styles: can be a warmer, a practice, a review, etc.

Organization: whole class work，group work，pair work.

5. Word boxing

活动规则及步骤

Rules & Steps

1. **Demonstration**:

1) The teacher invites one student as a partner.

2) The teacher says a word while doing the action of boxing, and then the student says a word as quickly as possible by doing the same action.

3) The two continue until one of them pauses for too long, he or she loses.

2. **Ways to organize:** Ask students to work in pairs and play the game.

Notes: No words repetition.

活动案例

Example 1

The teacher begins with any word, his/her partner says another word. They keep on speaking and doing the action of boxing by turns, for instance:

Teacher: Apple.

Student: Banana.

Teacher: Tiger.

Student: Summer.

…

Example 2

The teacher requires that all the words using in the activity must begin with the same letter, for example: begin with letter “**D**”.

Students work in pairs.

They begin to say words and do the action of boxing by turns: dog, dig, day, do, etc.

More students can be invited in the activity, for example, the winner will continue to box with another new student.

活动分析及应用

☆ **活动分析:**

此活动主要照顾语言文字智能学习者和身体运动智能学习者，以英语听力和口语的训练为主，着重练习或复习词汇。

教师首先可以进行活动示范，邀请一名学生作为单词拳击的伙伴。两人轮流说出单词，同时做出拳击的动作。不能接上单词者则失败。教师可以先给出一个说单词的限定时间，例如限定为两分钟。如果两分钟内两位“单词拳击手”都能够顺利接上对方的单词，则没有输赢。在介绍新活动时，教师的示范往往比口头介绍活动要有效和生动，这样学生能更清晰地了解活动开展的过程和要求。

在此活动中，学生除了可以练习或复习单词之外，还可以通过做拳击这个肢体动作缓解压力，增加学生学习的兴趣和活动的趣味性。

☆ **活动应用建议:**

1. 可以作为热身、练习和复习等教学环节的活动。

2. 此活动为两两活动(Pair work)。可以拓展为小组活动(Group work)，由小组成员轮流说出单词，在限定时间内说不出来单词的学生输。

3. 教师可以通过限定单词范畴来调整此活动的难易度或者调配活动所涉及的单词。例如，所说单词都必须是动词，或者所说的单词都必须是上一个单元所学的词汇，又或者所说的单词都必须以字母“K”开头等。

Tips

Skills: speaking, listening.

Language: vocabulary.

Styles: can be a warmer, a practice, a review, etc.

Organization: pair work, group work.

6. Story train

活动规则及步骤

Rules & Steps

1. The teacher divides students into groups.

2. The teacher writes down a sentence on board and asks students to continue to write a story by focusing on using a tense they've learned. For example, students use the Past Tense to write the story. Students in the groups write the sentence one by one in 3 minutes.

3. Share stories. The teacher invites some students to read their stories out.

活动案例

Example 1

1. The teacher writes down the first sentence: "I went to the City Center Park yesterday."

2. The teacher asks students to continue to write down their sentences one by one to make the story.

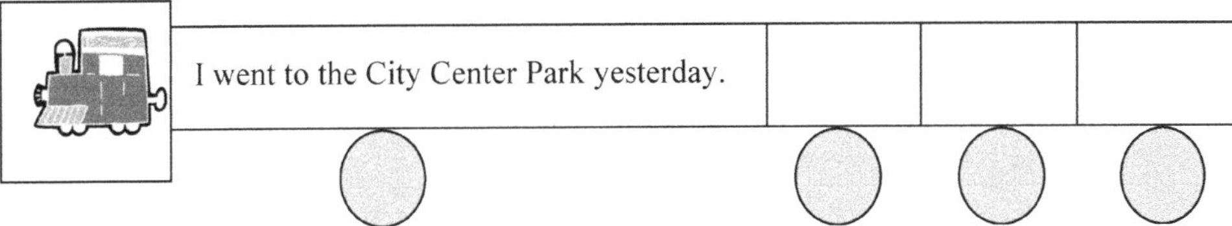

Example 2

1. Students work in groups.

2. The first student writes down: "Liu Mei is going to the supermarket tonight."

3. The others in the group continue to write their sentences one by one.

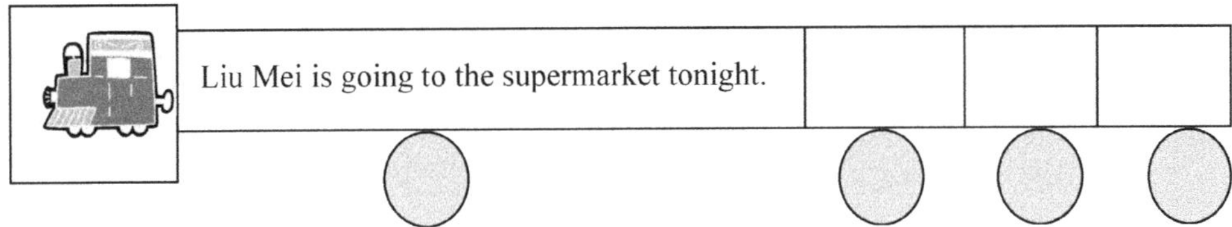

活动分析及应用

☆ 活动分析：

此活动主要照顾语言文字智能学习者，以英语写作的训练为主，着重练习或复习语法和词汇。此活动可以训练学生思维发散能力和逻辑能力，还可以训练学生的造句能力。

此活动可以是全班性活动，全班接龙式地说出或写出自己的句子，组成故事。此活动也可以是小组活动，组员轮流说出或写出自己想说或写的句子，组成故事。集思广益组成的故事，往往会产生意想不到的故事情节。学生在说或写自己的句子之前，需要倾听或阅读其他同学已经说出或者写出的句子，所以，学生听的能力和阅读的能力也能在此活动中得到锻炼。

☆ 活动应用建议：

1. 可以作为练习和复习等教学环节的活动。
2. 可以使用小组活动(Group work)来组织活动。
3. 教师可以规定学生用某一种时态造句，组成故事。例如，要求学生都用一般过去时来说或写。

Tips

Skills: speaking, writing.
Language: grammar, vocabulary
Styles: can be a practice, a review, etc.
Organization: group work, whole class work.

7. Whisper

活动规则及步骤

Rules & Steps

1. The teacher divides students into groups by lines in the classroom.
2. The teacher shows the students sitting in the first row of each group a sentence written on a piece of paper.
3. The first student tries to remember the sentence in a limited time.
4. They turn around and whisper the sentence to the second student of their groups.
5. The second student whispers sentence to the third one, then it continues.
6. The students sitting in the last row write down the sentence they heard on the board.
7. The group which can get the correct sentence quickly will be the winner.

活动案例

Example 1

1. The teacher prepares some papers with different sentences on them and shows sentences to the first students of each group. One student gets one sentence. The sentences they got are different.
2. The students whisper the sentence one by one to their group members.
3. Students sitting in the last row write down the sentence they heard on the board.
4. The class checks all the sentences on the board and chooses the winner.

Example 2

1. The teacher shows the first students the sentence "She sells seashells in the shining seashore."
2. The students whisper the sentence one by one in the group.

3. After all the groups finish whispering sentences, students sitting in the last row stand up and tell the class the sentence he/she got.

4. The group which can tell the sentence right will be the winner.

活动分析及应用

☆ 活动分析:

此活动主要照顾语言文字智能学习者，以英语听力和口语的训练为主，着重练习或复习语音、语法和词汇。

学生以一列座位为一组，第一位学生可以看到字条上写的句子，然后小声传递给第二位学生。第二位学生小声传给第三位学生，如此类推。最后一位学生写出或说出他所听到的句子。哪个组说得或写得又快又对则获胜。此活动既能训练学生的听说能力，也能训练学生的注意力和加强小组的团结协作。

☆ 活动应用建议:

1. 可以作为热身、练习和复习等教学环节的活动。
2. 可以使用小组活动(Group work)来组织活动。

Tips

Skills: listening, speaking.

Language: pronunciation, vocabulary, grammar.

Styles: can be a practice, a review, etc.

Organization: group work.

8. Invite new friends

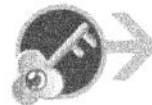

活动规则及步骤

Rules & Steps

1. The teacher divides the students into groups.

2. Demonstration:

1) The teacher joins in one group and organizes the activity.

2) The teacher says the first sentence "I went to the supermarket and bought an apple..."

3) The other students in the group follow the first sentence and add more words to it. For example, the second student may continue the sentence like this: "I went to the supermarket and bought an apple and some bananas." The second student adds "some bananas". The third student repeats what the second students had said and may continue the sentence like this: "I went to the supermarket and bought an apple, some bananas and a cup."

4) The one who fails to continue will be out.

3. The other groups do the activity in the same way.

活动案例

Example 1

The teacher begins the sentence "I went to the supermarket and bought an apple." Student A continues to say "I went to the supermarket and bought an apple and some pears." Student B continues to say "I went to the supermarket and I bought an apple, some pears and a box of juice." ...

Example 2

Student A begins the sentence "I came into the classroom and found there are some chairs".

Student B continues to say "I came into the classroom and I found there are some chairs and some desks". Student C continues to say "I came into the classroom and I found there are some chairs, some desks and some lights." …

 活动分析及应用

☆ **活动分析:**

此活动主要照顾语言文字智能学习者，以英语听力和口语的训练为主，着重练习或复习词汇、语法和语音。

此活动适合小组内开展。首句的选择很重要，主要根据教师的活动设计意图确定。以语法为例，教师可以根据学生所学的内容来确定首句用什么时态。例如，用一般过去时："We went to the supermarket to buy some…"，也可以用过去进行时、现在完成时等。以学生要添加的词汇为例，教师可以通过首句设定的语境让学生练习或复习相应的词汇，也可以明确限定学生只能用某些词汇。例如，只能添加表示水果的名词。

☆ **活动应用建议:**

1. 可以作为热身、练习和复习等教学环节的活动。
2. 主要通过小组活动(Group work)来开展活动，也可以通过两两活动(Pair work)来进行。
3. 首句可以是："I went to the supermarket and I bought…" "I went to the market and I bought…" "I came into the classroom and I found there are…" 等。

Tips

Skills: listening, speaking

Language: vocabulary, grammar, pronunciation

Styles: can be a practice, a review, a warmer, etc.

Organization: group work, pair work.

9. Twenty questions

活动规则及步骤

Rules & Steps

1. Before the class, the teacher prepares a small plastic bag which contains some small pieces of paper with the words students had learned written on them.

2. The teacher divides the students into two big groups. Two groups work together as opponents.

3. A student in Group A chooses a word from the small bag randomly.

4. Students in group B begin to ask general questions one by one to guess the word within 20 questions. What the student in group A can answer is "Yes/ No/ Sometimes".

5. If group B fail to guess the word in 20 questions, they will lose the game. And it will be their turn to pick up a word from the small bag for group A to guess.

活动案例

Example 1

1. A student in group A pick up a word from the words bag which is written "milk".

2. Students in group B begin to ask general questions:

B: Is it a kind of fruit?

A: No!

B: Can we find it in the classroom?

A: Sometimes.

…

3. Students in group B continue their questions. They fail to guess the word "milk" in 20 questions, so they lose the game.

活动分析及应用

☆ **活动分析:**

此活动主要照顾语言文字智能学习者，以英语听力和口语的训练为主，着重练习或复习词汇和语法。

这是个猜词活动。A 方有单词的答案，B 方有 20 次用一般疑问句猜测的机会。每次 B 方的提问，A 方只能用 “Yes” “No” 或者 “Sometimes” 来回答。如果 B 方在 20 次提问中能猜出 A 方的单词，则获胜。然后，轮到 A 方来猜词，B 方来回答。

☆ **活动应用建议:**

1. 可以作为热身、练习和复习等教学环节的活动。

2. 此活动为全班性活动。但为了增加学生的参与度和练习量，建议使用小组活动(Group work)和两两活动(Pair work)来开展。

Tips

Skills: listening, speaking.
Language: vocabulary, grammar.
Styles: can be a practice, a review, a warmer, etc.
Organization: group work, pair work, whole class work.

练　习　题

请为语言文字智能学习者设计 2~5 个英语教学活动。请写出活动规则及步骤，并就以下问题进行说明:

1. 这些活动的设计意图是什么?
2. 如何调整这些活动的难易度?
3. 这些活动能否转换成为能够达成相同或相似意图的其他教学活动？若能，如何转换？

第九章

为数学逻辑智能学习者设计的活动

Activities for Logical Intelligence

- ☆ Crazy counts 疯狂数数
- ☆ Guess numbers 猜拳
- ☆ Reorder a story 故事排序
- ☆ Listen and number 听排游戏

1. Crazy counts

活动规则及步骤

Rules & Steps

1. The teacher divides students into groups.

2. The teacher gives instructions, for example, "Count even numbers one by one in groups".

3. Students follow the instructions and count numbers one by one, those who fail to continue will be out.

活动案例

Example 1

1. The teacher says, "Let's work in groups and count the even numbers one by one."

2. Students begin to count one by one in groups: " 2, 4, 6, 8…". The one who can not continue will be out and the student who stays last will be the winner.

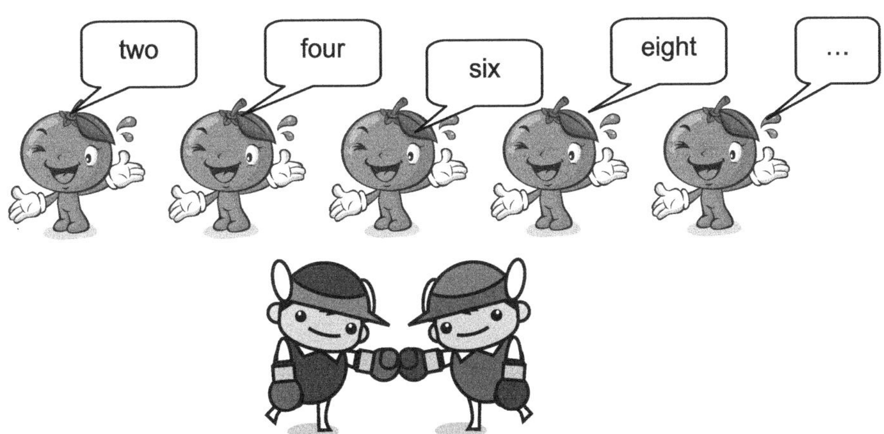

活动分析及应用

☆ 活动分析:

此活动主要照顾数学逻辑智能学习者，以英语口语和听力的训练为主，着重练习或复习表示数字的单词。

以数学逻辑智能为优势智能的学习者喜欢靠推理来思考。他们有效地运用数字和推理的能力强。他们喜欢寻找事物的规律及逻辑顺序，这种活动是他们喜欢和擅长的。反之，以数学逻辑智能为弱势智能的学习者，往往在遇到涉及数字和逻辑的活动中容易出错，或者他们不大喜欢参加此类的活动。教师在开展教学活动前要做好学生多元智能优势智能的调研活动，了解班上学生的优势智能与弱势智能，以便有针对性地设计和应用为学生设计的各类活动。

☆ **活动应用建议：**

1. 可以作为热身、练习和复习等教学环节的活动。
2. 可以使用小组活动(Group work)来开展活动。
3. 数数的要求可以是：数双数(even numbers)、数单数(odd numbers)、数 3 的倍数(multiplied by 3)，数 4 的倍数(multiplied by 4)等。

Tips

Skills: speaking, listening.

Language: vocabulary.

Styles: can be a practice, a review, a warmer etc.

Organization: group work.

2. Guess numbers

活动规则及步骤

Rules & Steps

1. The teacher divides students into pairs.

2. Demonstration: The teacher invites one student to be the partner. Both of them can use their fingers to show numbers and speak out one number when they show their fingers. If one of them guesses the right total number, he/she will be the winner.

3. The teacher organizes the class to begin the guessing. The teacher can limit the time. If both of them can't get the right total number, they'll continue the guess.

活动案例

Example 1

Student A stretches out 2 fingers and says "six" while student B stretches out 4 and says "eight". Student A gets the right total number and become the winner.

活动分析及应用

☆ **活动分析:**

此活动主要照顾数学逻辑智能学习者，以英语听力和口语的训练为主，着重练习或复习词汇。

此活动就是我们日常生活中所见的“猜码”。猜码是个数字相加的游戏。A、B 双方同时伸手喊出一个数字，一人只能出一只手，其中一方喊中双方手指相加的数为胜。以上案例中，A 伸出了“2”根手指，喊的是“6”；B 伸出了“4”根手指，喊的是“8”。两人手指数目相加为“6”，A 喊中了，获胜。在学生学习了如何表达英语数字之后，引用“猜码”这样学生日常所见的游戏到课堂，能够拉近课堂与社会生活的距离，促使学生对英语学科产生更大的兴趣。

☆ **活动应用建议:**

1. 可以作为热身、练习和复习等教学环节的活动。
2. 可以使用两两活动(Pair work)来组织活动。

Tips

Skills: listening, speaking.
Language: vocabulary.
Styles: can be a practice, a review, a warmer, etc.
Organization: pair work.

3. Reorder a story

活动规则及步骤

Rules & Steps

1. The teacher divides a story into parts and writes them down on strips.

2. The teacher gives strips to students and asks them to put the stripes in correct order to organize a story.

3. Students read out the story and share the story with the class.

活动案例

Example 1

Strips:

A: He was surprised, and then burst into tears. All the neighbors gathered around him.

B: "Did you ever take any of it out?" asked one of them. "No," he said, "I only came to look at it.". "Then come again and look at the hole," said the neighbor, "it will be the same as looking at the gold."

C: He told them how he used to come and visit his gold.

D: Once upon a time there was a miser. He hid his gold under a tree. Every week he used to dig it up.

E: One night a robber stole all the gold. When the miser came again, he found nothing but an empty hole.

The order of the stripes to make the story should be: D-E-A-C-B

活动分析及应用

☆ 活动分析：

此活动主要照顾数学逻辑智能学习者，以英语阅读和口语训练为主，着重练习或复习语法和词汇。

以数学逻辑智能为优势智能的学习者逻辑推理能力较强，在此活动中，学生需要推理故事发生的先后、推敲句子之间的逻辑关系等，这些都是以数学逻辑智能为优势智能的学习者所擅长的。

☆ **活动应用建议：**

1. 可以作为练习和复习等教学环节的活动。
2. 可以使用小组活动(Group work)、全班性活动(Whole class work)来组织活动。
3. 可以作为小组活动或全班性活动开展。学生可以读出排序后的故事或通过粘贴字条和展示来共享成果。

Tips

Skills: reading, speaking.

Language: grammar, vocabulary.

Styles: can be a practice, a review, etc.

Organization: group work, whole class work.

4. Listen and number

活动规则及步骤

Rules & Steps

1. The teacher provides materials to students.
2. The students listen to the recording and write down the correct order.
3. Check the answer.

活动案例

Example 1

1. Listen to the recording and write down the order in the squares according to what you hear.
2. Check the answer with your partners.

123456789

□

□

□

□

活动分析及应用

☆ **活动分析:**

此活动主要照顾数学逻辑智能学习者，以英语听力的训练为主，着重练习或复习词汇和语法。

在此活动中，学生根据英语听力中的内容以及教师所提供的素材，判断所听到内容的先后顺序并做出排序选择，有利于培养学生的英语听力能力和逻辑思维能力。

☆ **活动应用建议:**

1. 可以作为练习和复习等教学环节的活动。

2. 活动结果的检测，可以由教师检测全班答案，也可以由学生之间互相检测。例如，学生之间的两两检测和小组内检测。

3. 此项活动可以转换为 Listen and tick, Listen and circle 等。

从多元智能理论的角度来说，课堂学习的方式方法和手段应该尽量多样化。要达到同一个教学目的，可以由多元的活动来达成。教师可以根据本节课的教学目的或者细化到某一个活动的目的，根据学生的认知水平和学习的需要，以及与其他课堂活动的相关性等综合考虑，有选择地设计每个教学环节的教学活动。例如，练习学生的听力，听后排序、听后打钩、听后圈出等方式都可以，避免课堂上活动单一或过于重复就可以了。又如，如果要让学生经历文化差异，教学活动的方式也可以很多：准备节日礼物、讲文化小故事、画场景、写报告或小论文等。多样化的呈现方式，可以丰富和加深学生对所学内容的理解。

总的来说，在课堂教学活动的设计和应用中，要充分利用多种形式，利用学生的优势智能来激发学生的学习兴趣，调动学生的优势智能，发展学生的弱势智能，使学习者智能的差异成为一种优势，使其获得满足感和成就感，避免单一、鼓噪和死板的学习方式。

Tips

Skills: listening.

Language: vocabulary, grammar.

Styles: can be a practice, a review, etc.

Organization: individual work, group work.

练 习 题

请为数学逻辑智能学习者设计 2~5 个英语教学活动。请写出活动规则及步骤，并就以下问题进行说明:

1. 这些活动的设计意图是什么?
2. 如何调整这些活动的难易度?
3. 这些活动能否转换成为能够达成相同或相似意图的其他教学活动？若能，如何转换?

第十章

为视觉空间智能学习者设计的活动

Activities for Visual Intelligence

☆ Build a man　画人

☆ Bingo　宾果游戏

☆ Word maze　单词迷宫

☆ Find the differences　找不同

☆ What is missing?　少了什么?

☆ Find the shapes　找图案

1. Build a man

活动规则及步骤

Rules & Steps

1. The teacher thinks of a word, for example, "pencil" and then invites students to guess the word.

2. One student says one letter once. Totally, students get 8 opportunities to guess the word. The man they are going to build is 8 sticks as well. When the students guess a right letter successfully, the man can be drawn.

3. If the students get the word in 8 times, the man can be built successfully.

活动案例

Example

1. The teacher think of the word "pencil" and draw blanks _ _ _ _ _ _ on board, then invites students to guess letters of the word.

2. One student says "letter e", so the teacher says "Yes" and writes letter "e" on the second line and draws the head of the man at the same time.

3. The second student says "letter d" which is not the letter of the word "pencil", so the teacher says "No" and writes the letter "d" in the zone of wrong letters.

4. Students continue to guess the letters of the word. They guess letters "p", "e", and "n" successfully in 7 times and the man is built almost successfully.

5. Students are allowed to speak the word at the last time. Some students say "pencil". So students win the game and finish building the man.

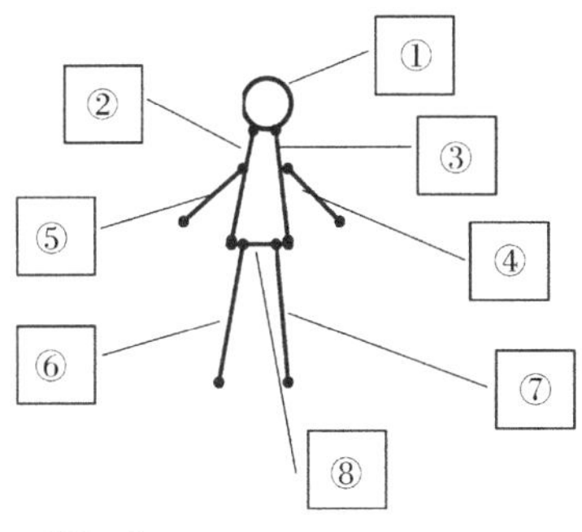

Word: _ _ _ _ _ _

Zone of wrong letters:	
1.	5.
2.	6.
3.	7.
4.	8.

活动分析及应用

☆ 活动分析：

此活动主要照顾视觉空间智能学习者，以英语听力和口语的训练为主，着重练习或复习词汇。

此活动是个猜字游戏。学生共有 8 次机会猜出教师想好的那个单词，如单词“pencil”。如果猜对一个字母，教师除了写出该字母，还要画一笔棍棒人。一个棍棒人共 8 笔。

首先，教师根据该单词的字母数，在黑板上画出相应数目的下划线。单词“pencil”共有 6 个字母，教师则画出 6 条下划线。其次，学生开始猜字母。每次学生只能说一个字母，如果学生所说的字母是该单词的字母之一，教师则将之填在下划线之上。例如，学生说了“字母 e”，老师则要反馈“Yes”并将字母 e 填好，如下：_e_。同时，教师还画出棍棒人的第一笔。如果学生说的字母不是该单词的字母之一，教师则说：“No”并将学生所说的字母填在“Zone of wrong letters”。如果学生在 8 次机会中没能猜出该单词，则失败。最后一次猜测的机会，学生可以猜整个单词，而不仅仅只限于猜字母。如果学生在 8 次机会中成功猜测该单词，则画人成功。

☆ 活动应用建议：

1. 可以作为热身、练习和复习等教学环节的活动。

2. 可以使用全班性活动(Whole class work)、小组活动(Group work)和两两活动(Pair work)来组织活动。

3. 教师可以控制活动的难易程度。例如，为了减少活动的难度，教师可以给出要猜的单词的某些字母，只让学生猜测部分的字母。

Tips

Skills: listening, speaking.

Language: vocabulary.

Styles: can be a practice, a review, a warmer, etc.

Organization: whole class work, group work, pair work.

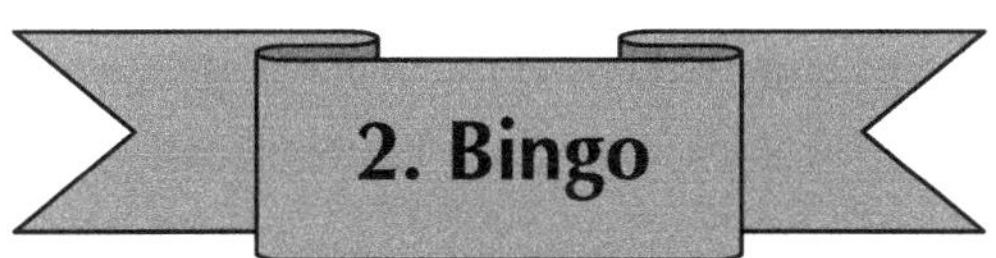

活动规则及步骤

Rules & Steps

1. The teacher draws a grid of 9 squares on the board.

2. The students copy the grid and write numbers from 1 to 50 randomly in the square. One student gets one card.

3. The teacher picks up number cards written numbers from 1 to 50 randomly from a box and reads them out.

4. The students cross the numbers when the teacher mentions them.

5. The student who crossed the numbers in his/her grid in a line successfully will shout "Bingo!" and he/she wins the game.

活动案例

Example 1

1. The students finish drawing the grid and writing the numbers from 1 to 50 in the square randomly.

2. The teacher says the numbers one by one. "10, 12, 20,···, 22, 23, 25."

3. A student shouts: "Bingo!" and win the game. His grid looks like the following. His numbers has been called and stand in a line.

12	16	~~25~~
19	~~10~~	32
~~22~~	39	27

Example 2

1. The teacher says the game is about words of fruits.

2. Students write 9 words in the 9 grids.

3. The teacher begins to say some words: “apple, banana, pear, …”
4. One student says “Bingo!” because his words has been called and stand in a line.

apple	banana	pear
watermelon	plum	blueberry
~~orange~~	~~strawberry~~	~~mango~~

Example 3

1. The teacher says the game is about basic sounds.
2. Students write 9 basic sounds in the 9 grids.
3. The teacher begins to say some basic sounds: “… [a:] … [u] … [au]”
4. One student says “Bingo!” because his basic sounds has been called and stand in a line.

~~[a:]~~	[i]	[i:]
[ei]	~~[u]~~	[ai]
[e]	[u:]	~~[au]~~

 活动分析及应用

☆ **活动分析：**

此活动主要照顾视觉空间智能学习者，以英语阅读和听力的训练为主，着重练习或复习词汇。

Bingo 为做成某事后发出的欢呼声。此活动借鉴的是美国的 Bingo 游戏，但此活动简化了要求和操作方式。根据学生所学的知识，此活动可以是数字游戏，也可以是英语单词、语法等游戏。格子可以是常用的 5 个格子一列，也可以是较为简单的 3 格一列。学生填写好的格子内容，与教师读出的内容一致的，无论是垂直的、水平的，还是对角线的，都能获胜。空间智能强的人在学习时是用意象及图像来思考，常常喜欢此类视觉游戏。

☆ **活动应用建议：**

1. 可以作为热身、练习和复习等教学环节的活动。

2. 可以使用全班性活动(Whole class work)、小组活动(Group work)和两两活动(Pair work)来组织活动。

3. 教师可以灵活掌握活动涉及的学习内容。这个活动除了可以是数字游戏，也可以用于英语单词的练习。例如，空格内填入单词，练习学生听和辨认单词的能力。

4. 此活动还可以练习英语语法。例如，让学生在空格内填入现在进行时态的“Be + 动词+ing”结构。

5. 此活动还可以是语音的练习。例如，让学生在空格中填入英语语音语素的发音，让学生听辩。

6. 教师可以通过提供给学生背景信息的多少来决定活动的难易度。

7. 格子也可以扩展为 16 格、25 格等，即 4 格、5 格能连成一条线则获胜。

Tips

Skills: listening, speaking, writing.

Language:　vocabulary, pronunciation, grammar.

Styles: can be a practice, a review, etc.

Organization: whole class work, group work.

3. Word maze

活动规则及步骤

Rules & Steps

1. The teacher designs a word maze according to the teaching aim and students' level of English.

2. The students try to find out the words by crossing the letters out one by one.

活动案例

Example

Please find out the words about *weather*. For example: *cold*.

S	R	A	I	N	I	N	G
A	N	~~C~~	Q	S	T	X	W
G	H	~~O~~	T	P	Z	Y	W
H	B	~~L~~	W	R	Y	U	I
E	J	~~D~~	A	I	N	V	N
F	C	I	R	H	N	A	D
K	D	L	M	Y	U	G	Y
N	O	M	Z	W	S	R	H

Key: cold, warm, hot, sunny, raining, snowing and windy.

活动分析及应用

☆ 活动分析:

此活动主要照顾视觉空间智能学习者和语言文字智能学习者，以英语阅读的训练为主，着重练习或复习词汇。

以视觉空间智能为优势智能的学习者能准确地感觉视觉空间，并把所知觉到的表现出来。他们对于色彩、线条、形状、形式、空间及它们之间的关系很敏感，能将视觉和空间的想法具体地在脑中呈现出来。在单词迷宫这个活动中，学生从垂直、水平和对角线的角度，顺着或者逆着找出表格中隐藏的单词，这对于视觉空间感知能力较弱的学生来说有一定的难度，但对于视觉空间智能学习者来说，则相对容易。

☆ 活动应用建议：

1. 可以作为练习和复习等教学环节的活动。

2. 此活动需要个人的思考，常常通过个人活动(Individual work)的形式来开展。

3. 可以通过确定单词的主题来降低活动的难度。例如，像活动的案例那样，明确是寻找与天气(weather)相关的单词。

Tips

Skills: reading.

Language: vocabulary.

Styles: can be a practice, a review, etc.

Organization: individual work.

4. Find the differences

活动规则及步骤

Rules & Steps

1. The teacher shows students two cards to find out the differences.
2. Students are required to tell their findings to their partners.

活动案例

Example

活动分析及应用

☆ 活动分析:

此活动主要照顾视觉空间智能学习者，以英语口语的训练为主，着重练习或复习词汇和语法；同时，训练学生的观察能力。

☆ 活动应用建议:

1. 可以作为热身、练习和复习等教学环节的活动。
2. 可以使用个人活动(Individual work)、两两活动(Pair work)等来组织活动。
3. 此活动可以转换为找相同(Finding the same)。
4. 为了降低活动难度，教师可以事先告诉学生图中共有多少不同或相同之处。
5. 教师可以通过调控活动时间的长短来调控活动的难易程度。

Tips

Skills: speaking.

Language: vocabulary, grammar.

Styles: can be a practice, a review, etc.

Organization: individual work, pair work.

5. What is missing?

活动规则及步骤

Rules & Steps

☆ The teacher shows students picture A for a few seconds and then covers it.

☆ Then the teacher shows students picture B and asks them to find out what is missing .

活动案例

Example

活动分析及应用

☆ **活动分析:**

此活动主要照顾视觉空间智能学习者，以英语口语的训练为主，着重练习或复习词汇和语法。

此活动与“找不同”(Find the differences)活动有相似之处，都是训练学生的观察能力和表达能力的。

☆ **活动应用建议:**

1. 可以作为练习和复习等教学环节的活动。

2. 可以使用个人活动(Individual work)、全班性活动(Whole class work)等来组织活动。

3. 此活动可以转化为“消失的单词”等活动，即先给学生一些单词看或记忆，然后让一些单词消失，让学生说出消失的是哪些单词。这两个活动有异曲同工之处。

Tips

Skills: speaking.

Language: vocabulary, grammar.

Styles: can be a practice, a review, etc.

Organization: whole class work, individual work, pair work.

6. Find the shapes

活动规则及步骤

Rules & Steps

1. The teacher shows a picture for students to find out different shapes.
2. Students are required to tell their partners their findings.
3. Students are required to complete following sentences.

活动案例

Example

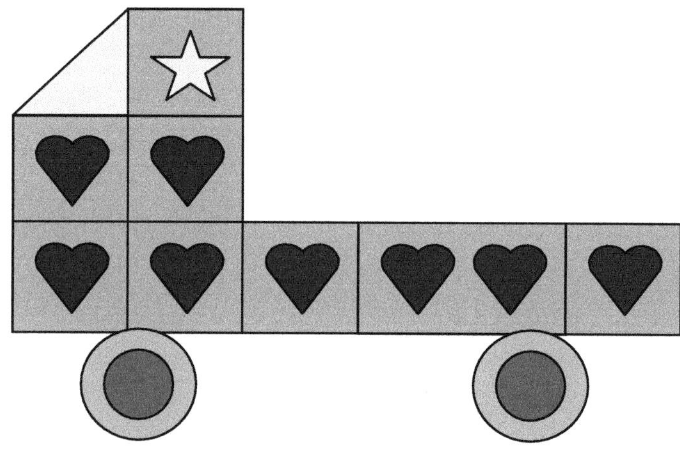

There is one triangle. There is ___ star.

There are 4 ______. There are 8 _____. There are ____ squares.

活动分析及应用

☆ 活动分析:

此活动主要照顾视觉空间智能学习者，以英语阅读和写作的训练为主，着重练习或复习词汇和语法。

在学生学习过图形的英语表达后，教师可以设计这个活动让学生练习或复习所学的词汇。图文并茂的形式，使学生更加容易接受。

☆ **活动应用建议：**

1. 可以作为热身、练习和复习等教学环节的活动。
2. 可以使用全班性活动(Whole class work)、个人活动(Individual work)来组织活动。

Tips

Skills: speaking, writing.
Language: vocabulary, grammar.
Styles: can be a practice, a review, etc.
Organization: whole class work, individual work.

练　习　题

请为视觉空间智能学习者设计 2～5 个英语教学活动。请写出活动规则及步骤，并就以下问题进行说明：

1. 这些活动的设计意图是什么？
2. 如何调整这些活动的难易度？
3. 这些活动能否转换成为能够达成相同或相似意图的其他教学活动？若能，如何转换？

第十一章

为身体运动智能学习者设计的活动

Activities for Bodily Intelligence

☆ Word parade　单词游行

☆ Words at the back　后背的单词

☆ Animals in the air　空气中的动物

☆ Cat and mouse　猫和老鼠

☆ Touch your nose　碰鼻子

☆ Ball passing　传球游戏

☆ Action and guess　我来做，你来猜

☆ "Stop the bus!"　"停车！"

1. Word parade

活动规则及步骤

Rules & Steps

1. The teacher divides students into groups.

2. The teacher gives some alphabet cards to students. One student gets one card.

3. The teacher says a word. Students holding the cards written the letters of the word come to the front of the class and organize themselves in the right order according to the spelling of the word.

4. The group which can organize the right spelling correctly and quickly wins a point.

活动案例

Example

1. The teacher divides the class into 2 groups.

2. The two groups work as opponents. The teacher gives each student an alphabet card.

3. The teacher says "apple".

4. Those holding the letters of the word "apple" come to the front of the class and organize the word quickly.

5. The group which can spell the word correctly and quickly is the winner.

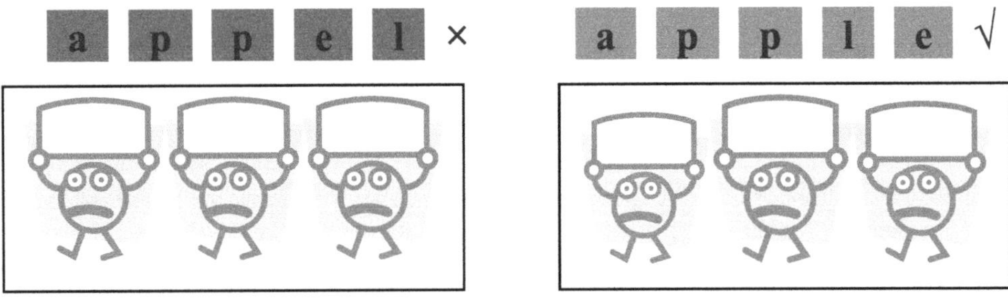

活动分析及应用

☆ 活动分析:

此活动主要照顾身体运动智能学习者和语言文字智能学习者，以英语阅读的训练为主，着重练习或复习词汇。

此活动是单词拼写活动。在传统的单词拼写活动中，教师往往只要求学生在纸上写出单词。但为了让课堂上的学习动静结合，使学生的身心得到适当的放松和集中学生的注意力，或者为了让年龄稍小的学生对单词拼写产生兴趣，可以进行单词游行活动，将传统的学习方式改为在动中学习的方式。

以身体运动智能为优势智能的学习者善于运用整个身体来表达想法和感觉，以及运用双手灵巧地生产或改造事物。在这个活动中，学生除了要思考单词的拼写，还要团队合作，在短时内组合成准确的单词。如果一个组内有几名学生拿到相同的卡片，例如，有 3 个学生都有字母“e”，还需要学生在小组内及时地进行取舍和安排，以保证自己组单词拼写的准确性。在学生长时间坐着上课的时候，进行适当的动静转换活动，有利于学生调整身心，以更好的状态继续进行学习。

☆ **活动应用建议：**

1. 可以作为练习和复习等教学环节的活动。
2. 可以使用全班性活动（Whole class work）和小组活动（Group work）来组织活动。
3. 教师需要在活动前准备好字母卡片。有一些使用频率较高的字母，可以多准备几张。
4. 教师需要提前与学生约定注意控制音量，以避免在活动开展的过程中学生由于过于兴奋而影响其他班级上课。

Tips

Skills: listening, speaking.

Language: vocabulary.

Styles: can be a practice, a review, etc.

Organization: whole class work, group work.

2. Words at the back

活动规则及步骤

Rules & Steps

1. Demonstration:

1) The teacher invites a volunteer student to be the partner.

2) The teacher writes a word on the student's back and asks the student to guess the word in one minute. Each word can be written only twice.

3) If the student guesses the word successfully, he or she gets one point. Then it is the teacher's turn to guess. The one who can guess more words in five minutes will be the winner.

2. The teacher asks students to work in pairs and begin the activity.

活动案例

Example

1. Student A writes "basketball" on student B's back.

2. Student B gets the word quickly and then it's B's turn to write the word and A's turn to guess.

活动分析及应用

☆ 活动分析:

此活动主要照顾身体运动智能学习者和语言文字智能学习者，以英语口语和听力的训练为主，着重练习或复习词汇。

这个活动也是猜字游戏，学生在对方的后背写单词，一是可以让学生练习或复习单词的拼写，二是可以增加学生之间的情谊和对活动的兴趣，三是课堂动静转换，使学生的身心得到调整和休息，同时能够营造良好的学习氛围。

☆ **活动应用建议：**

1. 可以作为热身、练习和复习等教学环节的活动。
2. 可以使用两两活动(Pair work)和小组活动(Group work)来操作。
3. 教师可以通过控制活动的时间和速度来调整活动的难易度，还可以通过明确所学单词的领域来降低活动的难度。例如，说明背上所写的单词都是上一节课所学的单词。

Tips

Skills: speaking, listening.
Language: vocabulary.
Styles: can be a practice, a review, etc.
Organization: pair work, group work.

3. Animals in the air

活动规则及步骤

Rules & Steps

1. Demonstration: The teacher draws a banana briefly in the air and lets the students to guess what it is and spell the word.

2. The teacher asks students to work in pairs and play the game.

活动案例

Example

1. Student A draws a "tiger" in the air and asks student B guess what it is.
2. Student B tries to guess and then gets it successfully after several tries.
3. It's student B's turn to draw the picture in the air and student A's turn to guess.

活动分析及应用

☆ 活动分析:

此活动主要照顾身体运动智能学习者和语言文字智能学习者，以英语口语和听力的训练为主，着重练习或复习词汇。

身体运动智能强的人在学习时常常透过身体感觉来思考，他们很难长时间坐着不动，他

们喜欢动手操作、喜欢演戏和玩肢体游戏等，他们比较喜欢参与此类需要动手或动作的活动。此活动符合他们的学习特点。

在此活动中，A 在空中简单画出动物或某物的形状，让 B 猜测所画的是什么并将单词拼读出来。图画加上动态的肢体语言，增加了活动的趣味性，可以促使学生乐于学。

☆ 活动应用建议：

1. 可以作为热身、练习和复习等教学环节的活动。
2. 可以使用两两活动(Pair work)、小组活动(Group work)和全班性活动(Whole class work)来组织活动。
3. 教师可以通过缩小词汇范畴，限定猜测的时间或次数的多少来调整活动的难易度。
4. 可以通过转换主题来变换活动的内容，例如 fruits in the air(空气中的水果)等。

Tips

Skills: listening, speaking.

Language: vocabulary.

Styles: can be a practice, a review, etc.

Organization: pair work, group work, whole class work.

4. Cat and mouse

活动规则及步骤

Rules & Steps

1. The teacher prepares a picture of a cat and a picture of a mouse.

2. The teacher invites two volunteers to come to the front of the class. Student A is the "cat controller" and student B is the "mouse controller".

3. The teacher gives the picture of the cat to a student sitting in the class, and the picture of the mouse to another student sitting in a different area.

4. The "mouse controller" gives orders first, and then the "cat controller" gives orders as well. The orders are words of directions: go straight on, turn left, turn right, and turn back.

5. If the cat catches the mouse successfully, the cat wins.

活动案例

Example

活动分析及应用

☆ **活动分析:**

此活动主要照顾身体运动智能学习者，也照顾语言文字智能学习者。此活动以英语口语和听力的训练为主，着重练习或复习词汇和语法。

这是个猫抓老鼠的游戏。首先，教师准备好猫和老鼠两张卡片并把卡片分发给坐在不同区域的学生。其次选出两名学生分别作为老鼠和猫的控制者。再次，由老鼠的控制者先给指令。例如，Go straight on(直走)！拿着老鼠卡片的学生就按照指令将卡片传给直行方向的同学。最后，由猫的控制者给指令。例如，Turn right(向右转)！卡片传递的方向是以给指令的人面向的方向为准。拿着猫卡片的学生就按照指令往猫的控制者的右边方向传递。如果猫追上了老鼠则获胜。

此活动对于练习或复习英语方位词来说，是个动静结合、团队合作的好活动。在此活动中，学生即熟悉了单词，又增加了对英语词汇的应用和兴趣。

☆ **活动应用建议:**

1. 可以作为热身、练习和复习等教学环节的活动。
2. 可作为全班性活动(Whole class work)开展。

Tips

Skills: speaking, listening.

Language: vocabulary.

Styles: can be a practice, a review, etc.

Organization: whole class work.

5. Touch your nose

活动规则及步骤

Rules & Steps

1. Demonstration:

1) The teacher invites a student to be the partner.

2) The teacher puts one finger on his/ her nose.

3) The student gives orders of touching body parts of the teacher and the teacher follows the orders as quick as possible.

4) After finishing each order, the teacher puts his/ her finger back to his/ her nose quickly.

5) After one miniature, it comes to the teacher's turn to give orders and the student's turn to touch body parts.

2. The teacher organizes the class to do this activity in pairs.

活动案例

Example

1. Student A and B work in pairs as partners.

2. Student A gives orders and student B follows the order.

3. Student B puts one finger on his/her nose at first.

4. Student A says: "Touch your hair!" Student B uses his/her finger to touch his/her hair quickly and then put his/her finger back to the nose.

5. Student A says: "Touch your left ear!" Student B uses his/her finger to touch his/her left ear quickly and then put his/her finger back to the nose again.

6. Student A says: "Touch your right eye!" Student B uses his/her finger to touch his/her left eye quickly. Student B did the wrong action, so he/she fail in the game.

7. It comes to student B's turn to give orders and student A's turn to follow orders.

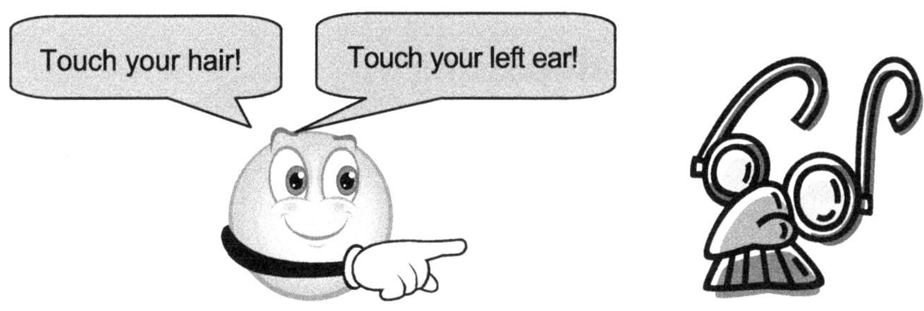

活动分析及应用

☆ **活动分析:**

此活动主要照顾身体运动智能学习者，以英语听力和口语的训练为主，着重练习或复习词汇。

这是个两两活动，是一个你来说、我来做的活动。学生 A 给指令，学生 B 听从指令并做出相应的动作。学生 B 首先把食指放在自己的鼻子上，学生 A 说要碰身体的哪个部分，学生 B 就碰自己身体的哪个部分，碰完之后，学生 B 的食指马上放回到自己的鼻子上。如果学生 B 没有快速根据指令把食指放到该放的身体部位，或者碰错了身体部位，或者不能及时把食指放回自己的鼻子，都会输了比赛。

在此活动中，学生既复习了单词，也集中了注意力和提高了学习的兴趣。此活动可以用于课前的热身，唤醒学生，使学生的注意力集中到课堂上。

☆ **活动应用建议:**

1. 可以作为热身、练习和复习等教学环节的活动。

2. 使用两两活动(Pair work)来组织活动。

3. 教师可以限定每位学生给指令的时间或次数的多少。时间到或者指令的次数够了的时候，两人则互换角色。

Tips

Skills: listening, speaking.

Language: vocabulary.

Styles: can be a practice, a review, a warmer, etc.

Organization: pair work.

6. Ball passing

活动规则及步骤

Rules & Steps

1. The teacher gets a ball ready.
2. The teacher asks students one or more questions. Questions can be written on board.
3. The teacher begins to play music and passes the ball to students.
4. Students pass the ball. When the music stops, the one who gets the ball will answer the question.
5. Then the activity continues.

活动案例

Example

1. The teacher writes the question "What's the weather like today?" on board.

2. The teacher turns around and plays music and students begin to pass the ball.

3. The teacher stops the music suddenly and the one who has the ball answers the question. The student answers "It's windy."

4. The teacher plays music again and students continue to pass the ball.

活动分析及应用

☆ 活动分析:

此活动主要照顾身体运动智能学习者，以英语口语的训练为主，着重练习或复习词汇和语法。

问答活动在英语课堂上很常见。与传统的学生安静地坐着一问一答的方式相比，此活动更具灵动性，更容易受到学生的欢迎。在此活动中，由于放音乐的人看不到学生，问题的回答者都是随机选取出来的，所以每个学生都有可能是回答问题的人。这样能使学生保持兴致高昂、积极思考，并在快乐的氛围中完成学习任务。

☆ 活动应用建议：

1. 可以作为练习和复习等教学环节的活动。
2. 使用全班性活动（Whole class work）来组织活动。
3. 学生传递的球可以替换成为其他物品，如教室里的瓶子、盒子等。
4. 活动的内容也可以变化，例如，音乐停，拿到球的学生背诵一首诗，或者唱一首英文歌曲等。

Tips

Skills: speaking.

Language: vocabulary, grammar.

Styles: can be a practice, a review, etc.

Organization: whole class work.

7. Act and guess

活动规则及步骤

Rules & Steps

1. The teacher invites a student to the front of the class, and shows him/her a word written on a card.

2. The student does some actions to show the meaning of the word without saying anything.

3. The others try to guess the word.

活动案例

Example

1. 2.

活动分析及应用

☆ 活动分析:

此活动主要照顾身体运动智能学习者和语言文字智能学习者，以英语口语和听力的训练为主，着重练习或复习词汇。

这是个猜字游戏。一名学生根据所看到的单词，通过动作来展示单词的意思让全班同学猜。学生在猜的过程中，可以练习或复习所学的英文句子或单词；同时，可培养学生的想象力和营造良好的课堂氛围。

☆ 活动应用建议：

1. 可以作为热身、练习和复习等教学环节的活动。

2. 可以使用全班性活动（Whole class work）来组织，也可以用小组活动（Group work）来组织，可以是组与组之间的竞争比赛。

Tips

Skills: speaking, listening.

Language: vocabulary.

Styles: can be a practice, a review, a warmer, etc.

Organization: whole class work, group work.

8. "Stop the bus!"

活动规则及步骤

Rules & Steps

1. The teacher draws a table on board.

2. Students work in groups and try to finish filling in the table according to the requirements.

3. Once they find all the answers, they put up their hands and shout "Stop the bus!" and then come to the board to complete the table.

4. The group which can finish filling in the table correctly and quickly will be the winner.

活动案例

Example 1

1. The teacher divides the class into groups.

2. The teacher asks the students to fill in the following table with nouns beginning with the letters given.

3. The group which finishes filling the table raises their hands and shouts "Stop the bus!"

4. The group writes down their answers on board or read out their answers to the class.

5. The class checks their answers.

Begin with…	n.	n.	n.	n.
C	cat			
B				
M				

Example 2

1. Students fill in words consisting of the following pronunciation.

2. Check answers with their partners.

/ u /	book			
/ au /				
/ i: /				

Example 3

1. Students fill in the verbs of the Past Tense according to requirements.
2. Check answers with their partners.

Begin with…	Verb	Verb	Verb	Verb
C	caught			
D				
T				

活动分析及应用

☆ 活动分析:

此活动主要照顾身体运动智能学习者和语言文字智能学习者，以英语的写和说的训练为主，着重练习或复习词汇、语法和发音。

在此活动中，学生在小组内或个人完成了题目的要求后举手喊:“停车！”这一显示其任务完成的形式使学生能够小动一下，并能增加学生的成就感和自豪感。此活动除了可以练习或复习词汇和语法，还可以培养学生的发散思维。

☆ 活动应用建议:

1. 可以作为热身、练习和复习等教学环节的活动。
2. 可以使用小组活动(Pair work)和个人活动(Individual work)来组织活动。

Tips

Skills: writing, speaking.

Language: vocabulary, grammar, pronunciation.

Styles: can be a practice, a review, etc.

Organization: group work, individual work.

练　习　题

请为身体运动智能学习者设计 2～5 个英语教学活动。请写出活动规则及步骤，并就以下问题进行说明:

1. 这些活动的设计意图是什么?
2. 如何调整这些活动的难易度?
3. 这些活动能否转换成为能够达成相同或相似意图的其他教学活动? 若能，如何转换?

第十二章

为音乐旋律智能学习者设计的活动

Activities for Musical Intelligence

☆ Loud voice and low voice 大小声

☆ AB and BA AB 和 BA

☆ Handkerchief behind 丢手绢

☆ Beat 节拍

☆ Song cloze 歌曲填空

1. Loud voice and low voice

活动规则及步骤

Rules & Steps

1. The teacher shows students a word and reads it in a loud voice.
2. Students follow the teacher to read the word in a low voice.
3. While the teacher reads the word in a low voice, the students should read it in a loud voice.
4. Then the teacher uses the same way to practice or to review other words.

活动案例

Example

1. The teacher says "elephant" loudly, and then students say "elephant" in a low voice.
2. The teacher says "elephant" in a low voice, and then students say "elephant" loudly.
3. The teacher changes the word and says "panda" loudly, and then students say "panda" in a low voice.
4. The teacher keeps on changing words, and says "monkey" "lion", and so on loudly or in a low voice randomly. The students follow the teacher to say the same word by using the volume of the voice in an opposite way.

活动分析及应用

☆ **活动分析：**

此活动主要照顾音乐旋律智能学习者，以英语听力和口语的训练为主，着重练习或复习词汇。

单词的学习，涉及单词的发音、意思、拼写和应用等。在英语课堂上，常常通过读单词的方式来确认和熟悉单词的发音。同样是读单词，与传统的用降调读单词的方法相比，在此活动中，需要学生首先要认真地听老师的发音，然后快速反应，用相反的音量读出该单词。如果教师大声读出该单词，学生则小声读出该单词；如果教师小声读出该单词，学生则大声读出该单词。在操作这个活动时，如果学生注意力不够集中或者反应不够准确，就会用错音量，课堂上往往因此欢笑声一片，营造出良好的学习气氛；同时，这能够让注意力不够集中的学生马上调整学习状态，积极投入到活动中来。

☆ **活动应用建议：**

1. 可以作为热身、练习和复习等教学环节的活动。
2. 可以使用全班性活动(Whole class work)来组织活动。
3. 此活动可以转换成“降升调”活动，即当教师用升调读单词时，学生就用降调读单词；当教师用降调读单词时，学生就用升调读单词。

Tips

Skills: listening, speaking.
Language: vocabulary.
Styles: can be a practice, a review, a warmer, etc.
Organization: whole class work.

2. AB and BA

活动规则及步骤

Rules & Steps

1. The teacher shows students two flash cards one by one and read the words out, for example, "panda, tiger".

2. The students change the order of the two words and read "tiger, panda".

3. The teacher can read more quickly and students follow more quickly.

活动案例

Example

1. The teacher gets some word cards ready.

2. The teacher shows cards of a panda and a tiger and then read "panda, tiger".

3. The students read "tiger, panda". They read the two words in an opposite order.

4. Then the teacher changes the order of the two words and says "tiger, panda". And students read "panda, tiger".

5. The teacher changes the card of the panda into a card of a monkey, then says "panda, monkey", and then students say "monkey, panda".

6. The practice or the review of words keeps on going in this way.

活动分析及应用

☆ **活动分析：**

此活动主要照顾音乐旋律智能学习者，以英语听力和口语的训练为主，着重练习或复习词汇。

在课堂学习中，必须要强调新知识的输入次数和强化次数。如果是新的学习内容，教师要让学生至少要有 3～5 次对新知识的接触和练习，例如，panda 是新的单词，在此活动中，教师通过让学生按相反的顺序读出单词，保留 panda 卡片并让学生起码读该单词三遍。如此类推，其他单词也是一样。在练习中，除了要注意新知识的强化次数，还要注意强化方式的多样化，防止强化方式单一。例如，看单词是强化，读单词是强化，听单词也是强化。强化次数足够多的话，学生才能更好地在课堂上消化好新的学习内容，提高课堂学习效率，尽量避免把学习都放到课后加强和完成。

此活动还能引起学生的注意力和调动课堂良好的气氛。

☆ **活动应用建议：**

1. 可以作为热身、练习和复习等教学环节的活动。
2. 建议使用全班性活动（Whole class work）来组织。

Tips

Skills: listening, speaking.

Language: vocabulary.

Styles: can be a practice, a review, a warmer, etc.

Organization: whole class work.

3. Handkerchief behind

活动规则及步骤

Rules & Steps

1. Students sit in a circle face to face.

2. The teacher gives a handkerchief to a student (student A).

3. Students sing an English song together while student A holding the handkerchief runs around the student circle.

4. Student A puts the handkerchief at the back of a student (student B) quietly and keeps on running.

5. Once student B found the handkerchief was left behind him/her, he/she should pick up the handkerchief and runs after student A to catch him/her.

6. If student B fails to catch student A and let him/her sit in his/her place, student B will fail in the game and will be the one who should leave handkerchief at the back of another student quietly. If student A is caught by student B, he/she will give a performance, for example, recite a poem or sing an English song.

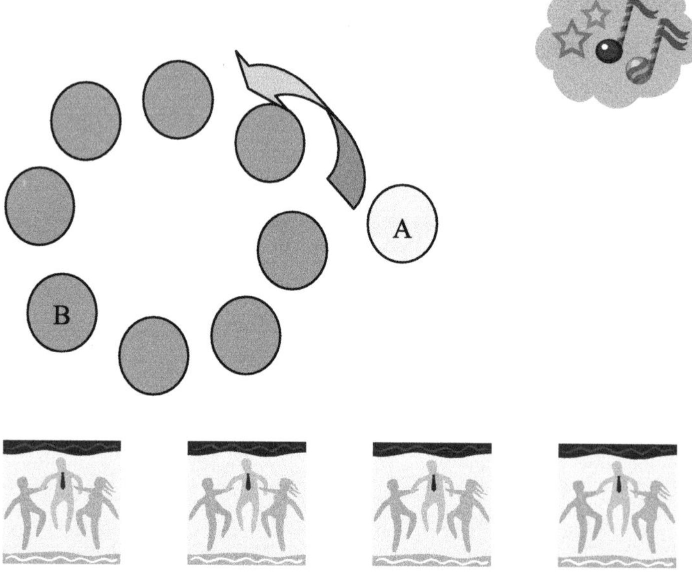

活动分析及应用

☆ **活动分析:**

此活动主要照顾音乐旋律智能学习者，以英语听力训练为主，着重练习或复习语法和词汇。

丢手绢是我国传统的民间游戏。首先，推选一位丢手绢的人，其余的人围成一个大圈面对面坐下。游戏开始时，大家齐唱丢手绢的歌曲：“丢手绢，丢手绢，轻轻地放在小朋友的后面，大家不要告诉他，快点快点抓住他，快点快点抓住他。”丢手绢的人在大家唱歌的时候，沿着大伙的后背的外圈行走，然后悄悄地将手绢丢在其中一个人的身后。被丢到手绢的人要迅速发现自己身后的手绢并迅速起身追逐丢手绢的人，丢手绢的人沿着外圈跑，如果跑到被丢手绢的人的位置坐下，则成功逃脱。如果被抓住，则要表演节目。

此活动根据传统的丢手绢活动，改用了英文歌曲，让学生边唱边玩。此活动可以营造良好的学习氛围和训练学生的应变能力。

☆ **活动应用建议:**

1. 可以作为热身、练习和复习等教学环节的活动。
2. 可以使用全班性活动(Whole class work)、小组活动(Group work)来组织活动。

Tips

Skills: listening, speaking.

Language: grammar, vocabulary.

Styles: can be a warmer, a review, a practice, etc.

Organization: whole class work, group work.

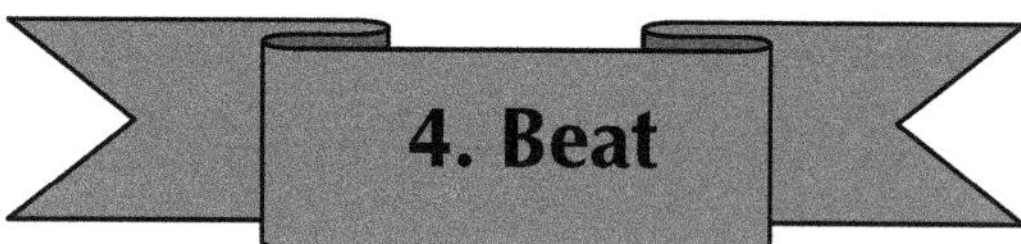

4. Beat

活动规则及步骤

Rules & Steps

The teacher organizes students to practice words by using beat according to the syllabus or the stress of the words.

活动案例

Example 1

Students read words and clap their hands according to the syllabus of words, for example, the word "elephant" has 3 syllabuses, so they clap their hands three times while reading the word "elephant". They clap their hands twice while reading the word "panda" which has 2 syllabuses.

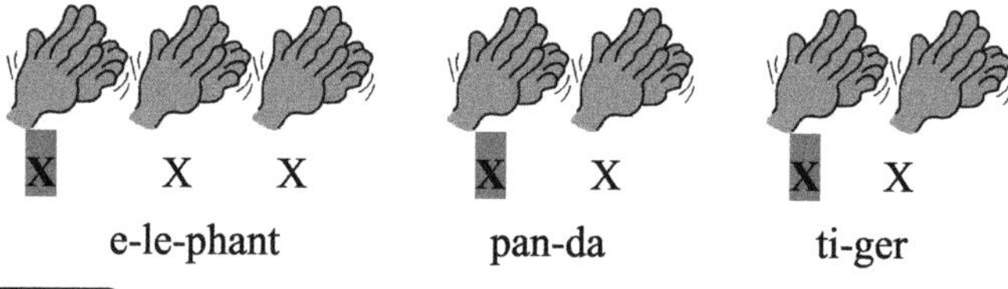

Example 2

Students clap their hands when they read the stress words in the sentences. For example, when they read the sentence "There are two chairs in the room", they clap their hands while reading the 3 stressed words "two", "chairs" and "room".

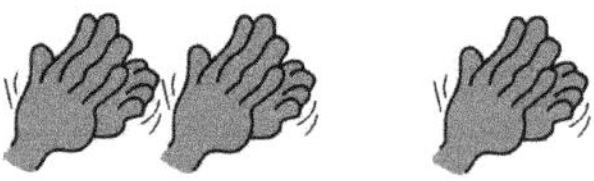

There are two chairs in the room.

活动分析及应用

☆ **活动分析：**

此活动主要照顾音乐旋律智能学习者，以英语听力和口语的训练为主，着重练习或复习语音。人的智能是多元的，每个人或多或少都具备几种优势智能。一个活动能照顾到的智能也不止一种，此活动同时适合以身体运动智能为优势智能的学习者。

通过击打节拍，能使学生更充分地感受和分清单词的音节、单词的重读音节以及句子的弱读和重读等，有利于英语语音的练习和复习。

以音乐旋律智能为优势智能的学习者对节奏、音调、旋律较为敏感，此类活动更能提升他们学习英语的兴趣。

☆ **活动应用建议：**

1. 可以作为热身、练习和复习等教学环节的活动。
2. 可以使用全班性活动(Whole class work)来组织活动。

Tips

Skills: listening, speaking.

Language: pronunciation.

Styles: can be a practice, a review, a warmer, etc.

Organization: whole class work.

5. Song cloze

活动规则及步骤

Rules & Steps

1. The teacher chooses a song and designs some blanks of the lyrics for students to fill in.
2. Students listen to the song to fill in blanks.
3. Students follow the recording to sing the song after finishing filling in blanks.

活动案例

Example

How is the weather?

How is the weather? It's a _____ day.

How is the weather? It's a ______ day.

____ is the weather? It's raining.

How is the weather? It's______.

Key:

How is the weather?

How is the weather? It's a fine day.

How is the weather? It's a cloudy day.

How is the weather? It's raining.

How is the weather? It's snowing.

活动分析及应用

☆ 活动分析:

此活动主要照顾音乐旋律智能学习者和语言文字智能学习者，以英语的听和写的训练为主，着重练习或复习词汇和语法。

此活动为听歌填空。学生根据所听到的歌曲，填写歌词内容。以音乐旋律智能为优势智能的学习者具备很强的察觉、辨别、改变和表达音乐的能力。像听歌填空、哼唱、节奏、听

歌写词、改编歌词这些活动都是学生们喜欢的活动。

☆ **活动应用建议：**

1. 可以作为练习和复习等教学环节的活动。
2. 可以使用全班性活动(Whole class work)、小组活动(Group work)来进行。

Tips

Skills: listening, writing.

Language: vocabulary, grammar.

Styles: can be a practice, a review, etc.

Organization: whole class work, group work.

练 习 题

请为音乐旋律智能学习者设计 2～5 个英语教学活动。请写出活动规则及步骤，并就以下问题进行说明:

1. 这些活动的设计意图是什么?
2. 如何调整这些活动的难易度?
3. 这些活动能否转换成为能够达成相同或相似意图的其他教学活动？若能，如何转换?

第十三章

为人际关系智能学习者设计的活动

Activities for Interpersonal Intelligence

☆ Role play　角色表演

☆ Information gap　信息沟

☆ Roll the dice　掷色子

☆ Paste words　贴单词

☆ Listen and draw　听听画画

☆ Odd man out　格格不入

1. Role play

活动规则及步骤

Rules & Steps

1. The teacher organizes students to choose their roles in a story.
2. Students practise their words and prepare stage properties when possible.
3. Students show their role-play.

活动案例

Example

1. The teacher chooses a short play and lets students choose their roles.
2. Students practice the short play after class in groups.
3. Students give a show in the class and the teacher gives feedbacks.

活动分析及应用

☆ 活动分析:

此活动主要照顾人际关系智能学习者，同时也照顾语言文字智能的学习者和以身体运动智能为优势智能的学习者。此活动以英语口语的训练为主，着重练习或复习词汇和语法。

角色表演的内容可以是故事，也可以是简短的对话。英语课堂上常见的 Dialogues(对话)也可以通过角色扮演的方式让学生更好地感受和理解对话内容。

在此类活动中，学生可以在动中学，理解英文表达，并通过自己的表演和与其他成员的合作把内容和场景等呈现出来。这种角色表演的经历对于学生的学习来说，是很必要的。

☆ **活动应用建议：**

1. 可以作为练习和复习等教学环节的活动。
2. 可以使用全班性活动(Whole class work)和小组活动(Group work)来开展。
3. 根据条件允许的情况，角色表演可以在课堂内进行或课后展现。

Tips

Skills: speaking.

Language: vocabulary, grammar, pronunciation.

Styles: can be a practice, a review, etc.

Organization: whole class work, group work.

2. Information gap

活动规则及步骤

Rules & Steps

1. The teacher divides students into groups and divides a story into parts. One group gets one part of the story.

2. Members of each group are sent to other groups to get information back to complete the story.

3. The group which can get all the information quickest wins the game.

活动案例

Example

1. The teacher divides the story into 4 parts and divides the class into 4 groups.

2. One group gets one part of the story.

3. Students who are sent from each group should go to the other three groups to get information of the other three parts of the story.

4. Students come back to his/her original group and share the information they got with their group members and complete the information of the story.

5. After 8 minutes, students share their story in the class. The group which can get the information of the story correctly and quickly wins the activity.

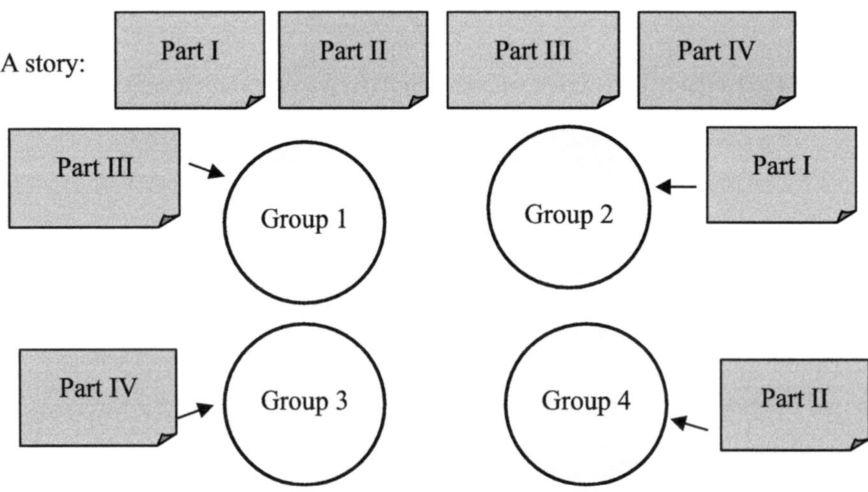

活动分析及应用

☆ **活动分析:**

此活动主要照顾人际关系智能学习者，同时，也照顾语言文字智能学习者。此活动以英语阅读、口语和听力的训练为主，着重练习或复习词汇和语法。

以人际关系智能为优势智能的学习者具备很强的察觉并区分他人的情绪、意向、动机及感觉的能力。人际关系智能强的人靠他人的回馈来思考。此活动适合人际关系智能学习者，同时，也适合以数学逻辑智能为优势智能的学习者。

Information gap(信息沟/信息差)意为信息不对称，即不同的人在掌握信息方面存在着差距。由于这种信息差距的存在，人们才进行交际，进行传递和交流信息的言语活动。语言学习的目的之一就是为了交流，为了弥补或消除信息差，即掌握信息的一方与未掌握信息的一方进行信息分享，使双方能相互理解，从而达到预期的目标。在此活动中，每一组学生都只得到故事的一部分内容，需要与其他组的学生进行交流才能获得故事其他部分的内容，从而更好地组合和了解整个故事的内容。在这个活动中，学生带着问题用英语与他人进行交流，进行了看、想、讲、听和做等活动，而且能够做到课堂中的动静转换，是一个与社会生活紧密相关的活动，也是一个能充分调动学生学习积极性的活动。

☆ **活动应用建议:**

1. 可以作为练习和复习等教学环节的活动。
2. 可以使用小组活动(Group work)来组织活动。
3. 活动的内容可以根据学习的需求进行调整。

Tips

Skills: reading, speaking, listening.
Language: vocabulary, grammar.
Styles: can be a practice, a review, etc.
Organization: group work.

3. Roll the dice

活动规则及步骤

Rules & Steps

1. The teacher designs a card for students to practice or to review vocabulary or grammar. Words or sentences can be written on each small square.

2. Students work in pairs. Students get something as their symbols. They can be pieces, small stones, and colorful cards and so on.

3. The teacher gives students dices.

4. Students roll the dice one by one and they should put their symbol on the number they got and read out what is written in the small squares.

5. The one who can reach "the end" will be the winner.

活动案例

Example

1. Students work in pairs.

2. Student A gets a pink piece to represent her, and student B gets a yellow piece to represent him.

3. Student A rolls the dice at first. She gets number 3, so she puts her pink piece on the third picture and reads the word "nose".

4. Then student B rolls the dice. He gets number 5, so he puts his yellow piece on the fifth picture and says "face".

5. They keep on rolling and reading the words.

6. Finally, student A gets the end at first, so she wins.

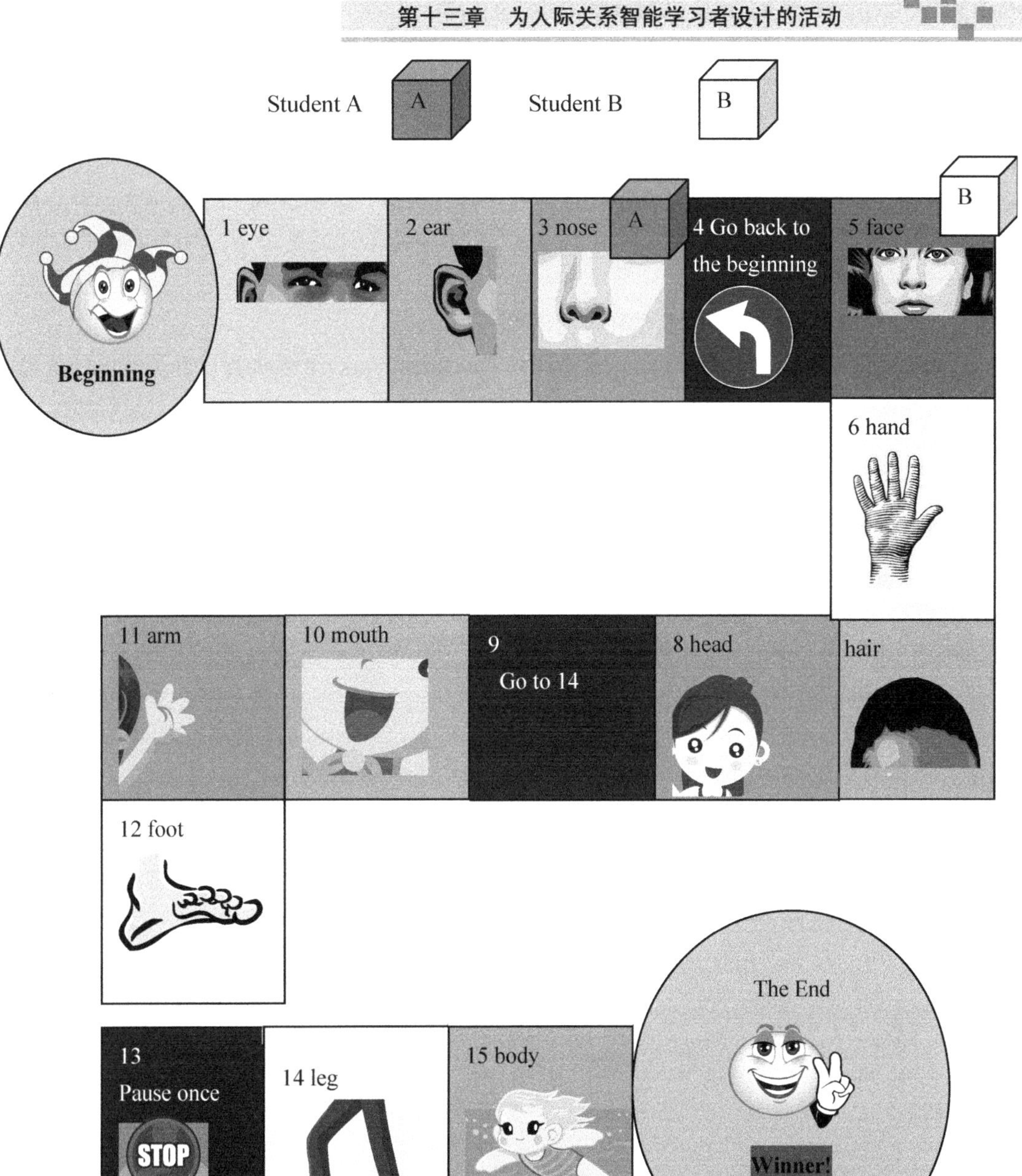

活动分析及应用

☆ 活动分析:

此活动主要照顾人际关系智能学习者和语言文字智能学习者，以英语口语的训练为主，着重练习或复习词汇。此活动同时也适合以身体运动智能为优势智能的学习者。

教师可以根据活动目的调整这个掷色子活动所用的图片和单词。案例中所用的卡片主要是用来练习和复习与身体相关的单词。与必须读出指定单词相比，大部分学生更乐意随机读单词。抛到哪个单词就读哪个，这也增加了活动的乐趣。

教师也可以要求学生在掷完色子之后练习对话。例如，学生 A 掷到了数字 3，学生 B 就提问："What is it?"学生 A 回答："It's a nose."不论是单词还是句子，都可以练习或复习。

☆ 活动应用建议：

1. 可以作为练习和复习等教学环节的活动。

2. 可以使用两两活动(Pair work)或小组活动(Group work)者来进行。如果是小组活动，小组成员轮着掷色子即可。

Skills: speaking.
Language: vocabulary.
Styles: can be a practice, a review, etc.
Organization: group work, pair work.

4. Paste words

活动规则及步骤

Rules & Steps

1. The teacher gives students some alphabet cards and glues.
2. Students work in pairs and use alphabet cards to paste words.
3. The pair who can paste most correct words quickest in 5 minutes will be the winner.

活动案例

Example

1. Students get some alphabet cards and glues.

2. Students work individually and use the alphabet card to paste words，for example, car, ship, bus, van, truck, plane, train, bike, jeep, motorbike.

3. Students work in pairs and check the spelling of words.

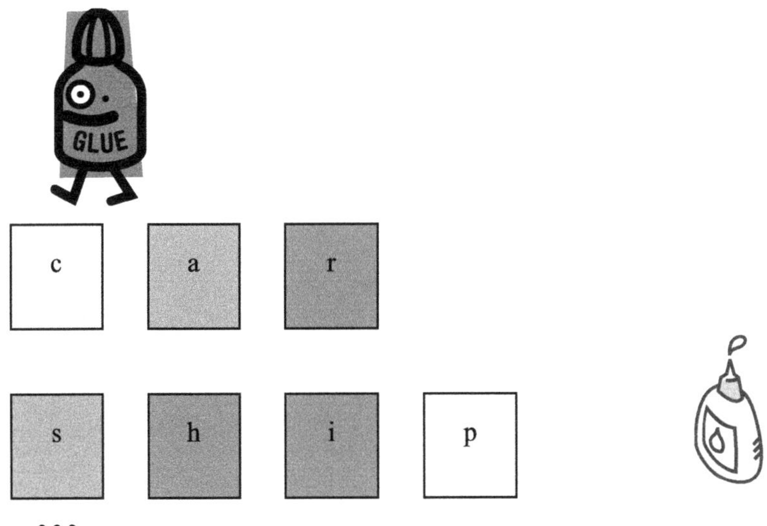

活动分析及应用

☆ **活动分析：**

此活动主要照顾人际关系智能学习者，同时，也照顾语言文字智能学习者和身体运动智能学习者，以英语阅读的训练为主，着重练习或复习词汇。

单词的拼写是单词学习很必要的一个环节。学生常用的单词拼写活动是一边抄写单词的字母，一边读字母。以个人学习的形式为主。但不少学生认为此拼写活动较为单一，特别是年龄较小的学生，会比较厌烦这种不断抄写的形式。因此，可以适当转化一下活动的形式。教师可以提供给学生一些字母卡片，让学生从字母卡片中找到相应的字母来组合成单词，学生既可以摆出单词，还可以贴单词。这样学生可以快速思考、挑选、组合，还可以与同伴商量或比赛。多样化的活动形式，会增加活动的吸引力，把单词拼写这样相对乏味的活动变得更加有趣。

☆ **活动应用建议：**

1. 可以作为练习和复习等教学环节的活动。

2. 可以使用个人活动(Individual work)和两两活动(Pair work)来组织活动。使用个人活动，需要学生更多个人的思考和梳理；使用两两活动，两个学生一起粘贴，则能适当降低活动的难度。

3. 此活动可以转换为扑克型的单词竞赛，即学生两两活动，一个学生贴出一个单词，如“mouse”，另一位学生若能贴出“cat”就算赢。因为“cat”能制服“mouse”。如此类推，除了能练习学生单词的拼写，还能考验学生所知道的常识，增加活动的趣味性和竞争性。

Tips

Skills: reading.

Language: vocabulary.

Styles: can be a practice, a review, etc.

Organization: individual work, pair work.

5. Listen and draw

活动规则及步骤

Rules & Steps

1. The teacher organizes students to work in pairs.
2. One student describes a person or something, the other student listens and draws it down.
3. Then the two students exchange their roles.

活动案例

Example

1. Student A describes his/her best friend and student B draws what his/she describes down.

2. Student A begins to describe: "My best friend is a lovely girl. She has short brown hair and two big eyes. She likes to wear blue T-shirt. …"

3. Student A finishes describing and student B finishes drawing. They work together to check whether student B drew correctly.

4. Then it comes to student B's turn to describe and student A's turn to draw.

My best friend is a lovely girl. She has short brown hair and two big eyes. She likes to wear blue T-shirt. …

活动分析及应用

☆ **活动分析:**

此活动主要照顾人际关系智能学习者，同时，也照顾语言文字智能学习者、身体运动智能学习者和视觉空间智能学习者。此活动以英语听力的训练为主，着重练习或复习词汇和语法。

在这个活动中，一个学生描述，一个学生听画。说的学生可以训练逻辑思维能力和英语口语表达能力。听与画的学生能够训练想象力和英语听力能力。语言与绘画的结合，会让活动更加生动有趣。

此活动可以转换为 Draw and say(画和说)活动。即学生 A 和 B 做完 Listen and draw(听听画画)活动之后，学生 A 与 B 分别与学生 C 与 D 组合，各自谈谈自己画了什么，与其他同学分享。

在英语学习当中，听说读写技能训练不但能够相辅相成，而且还可以有一定的延续性，就像这个活动一样，听了画，画了说。这样，资源也能够得到充分的利用。

☆ **活动应用建议:**

1. 可以作为热身、练习和复习等教学环节的活动。

2. 可以使用两两活动(Pair work)或小组活动(Group work)来组织，也可以由教师描述，学生画，使用全班性活动(whole class work)。

3. 教师可以根据学生所学的内容调整所要描述的内容。例如，用 there be 举例描述一个场景。“There is a big house in the picture. There are two boys beside the house. …”

Tips

Skills: listening.

Language: vocabulary, grammar.

Styles: can be a practice, a review, a warmer etc.

Organization: pair work, group work, whole class work.

6. Odd man out

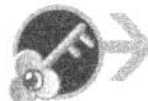

活动规则及步骤

Rules & Steps

1. Students work in groups.

2. The teacher shows students some cards and asks them to pick out the items which is different from others .

3. Students share their findings in their groups.

活动案例

Example 1

1. Students work in groups.

2. Students are told that there are three objects in the same group among the four and required to pick the different out.

3. Students tell their group members which object is different from other three objects and why.

1.

2.

Example 2

1. Students read the following words and pick out words which are different from the others.

1) book, look, good, tooth

2) see, sheep, ship, tea

2. Students find that there is a word has different pronunciation of vowels in each group and tell their partners. For example, the word “tooth” pronounce [u:] while the others pronounce [u].

活动分析及应用

☆ **活动分析:**

此活动主要照顾人际关系智能学习者和视觉空间智能学习者，以英语口语和听力的训练为主，着重练习或复习词汇和语法。

在此活动中，学生要通过观察，挑选出与其他东西不同的东西出来，然后和其他同学分享、核对。除了语言的学习，此活动能够同时训练学生的归类能力和辨别能力。

☆ **活动应用建议:**

1. 可以作为练习和复习等教学环节的活动。
2. 可以使用小组活动(Group work)和两两活动(Pair work)来进行。

Tips

Skills: speaking, listening.
Language: vocabulary, grammar.
Styles: can be a practice, a review, etc.
Organization: group work, pair work.

练　习　题

请为人际关系智能学习者设计 2～5 个英语教学活动。请写出活动规则及步骤，并就以下问题进行说明：

1. 这些活动的设计意图是什么？
2. 如何调整这些活动的难易度？
3. 这些活动能否转换成为能够达成相同或相似意图的其他教学活动？若能，如何转换？

第十四章

为自我认知智能学习者设计的活动

Activities for Intrapersonal Intelligence

☆ Organize words　组词

☆ Missing letters　消失的字母

☆ On the way　在路上

☆ Circle words　圈词

☆ Test your memory　测测你的记忆

1. Organize words

活动规则及步骤

Rules & Steps

Students are required to put letters into the correct order to organize words and then write them down in blanks individually.

活动案例

Example

"What words are they?"

1)
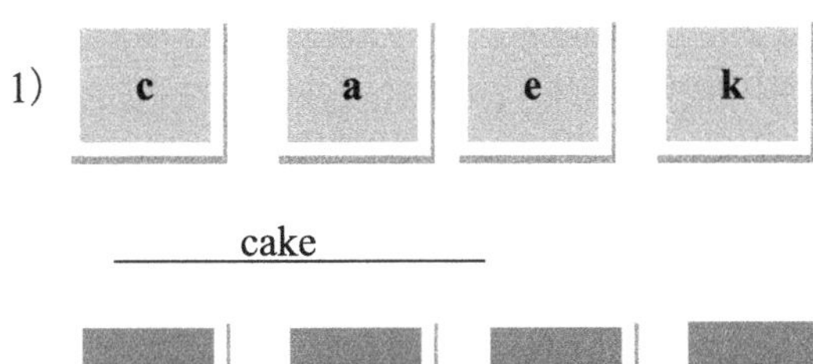

cake

2)
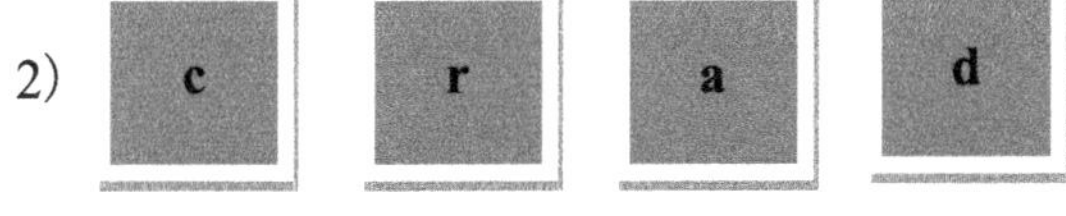

____

3)
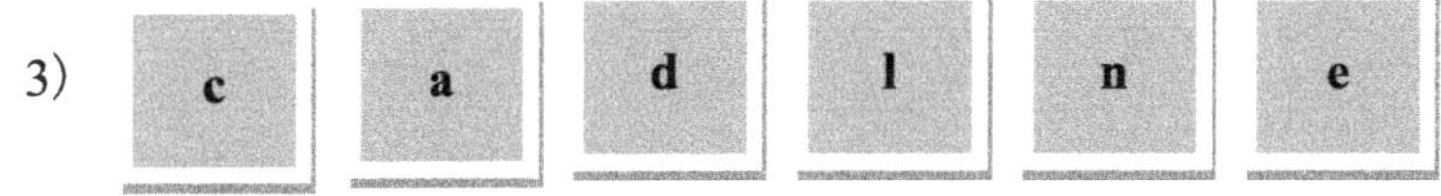

____

4)
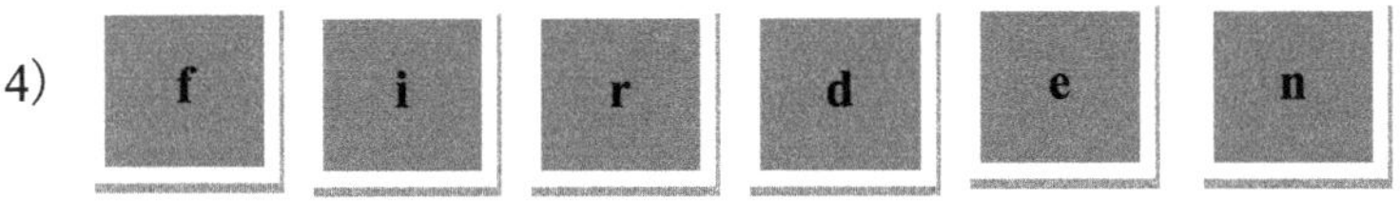

____

活动分析及应用

☆ **活动分析:**

此活动主要照顾自我认知智能的学习者和身体运动智能学习者，着重练习或复习词汇的拼写。

自我认知智能强的人通常以深入自我的方式来思考，喜欢独立完成任务。提供独处的时间及自我选择等对他们而言是较为理想的学习条件。教师可以为他们设计个人完成或个人思考的一些活动。

☆ **活动应用建议:**

1. 可以作为热身、练习和复习等教学环节的活动。
2. 可以使用个人活动(Individual work)、全班性活动(Whole class work)来组织活动。

Tips

Skills: reading.

Language: vocabulary.

Styles: can be a practice, a review, a warmer etc.

Organization: individual work, whole class work.

2. Missing letters

活动规则及步骤

Rules & Steps

1. The teacher shows students some words with missing letters.
2. Students are required to complete the words individually.

活动案例

Example

1. Fill in the blanks and complete the following words.
2. Check answers with your partners.

1. dr_ss_ r　　2. d_sk　　3. t_bl_　　4. s_f_　　5. b_d

Key

1. dresser　　2. desk　　3. table　　4. sofa　　5. bed

活动分析及应用

☆ 活动分析：

此活动主要照顾自我认知智能学习者和语言文字智能学习者，着重练习或复习词汇。单词拼写是单词学习的重要内容之一。通过音节来记忆单词，是学生常用的方式。

在案例中，单词挖空了元音字母。通过此练习，可以强化学生对元音字母的发音的掌握。

☆ **活动应用建议:**

1. 可以作为练习和复习等教学环节的活动。
2. 可以使用个人活动(Individual work)来组织活动。

Tips

Skills: reading.

Language: vocabulary.

Styles: can be a practice, a review, etc.

Organization: individual work.

3. On the way

活动规则及步骤

Rules & Steps

1. The teacher gives a map to students.
2. Students are required to write down names of the things they meet on the way individually.
3. Then students tell their partners what they meet by turns.

活动案例

Example

There is a map of the zoo. Complete the names of all the animals when you meet them on the way, and then tell your partners what they are.

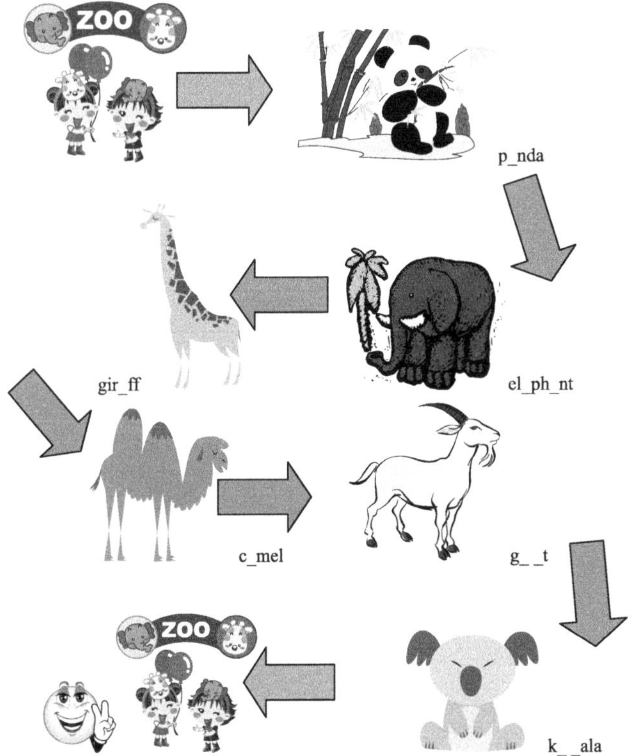

活动分析及应用

☆ **活动分析:**

此活动主要照顾自我认知智能学习者和语言文字智能学习者。如果将学生个人完成任务转换为两两活动，此活动也可以照顾人际关系智能学习者。此活动以英语写作和口语的训练为主，着重练习或复习词汇。

☆ **活动应用建议:**

1. 可以作为练习和复习等教学环节的活动。
2. 可以使用个人活动(Individual work)、两两活动(Pair work)来组织活动。

Tips

Skills: writing, speaking.
Language: vocabulary.
Styles: can be a practice, a review, etc.
Organization: individual work, group work.

4. Circle words

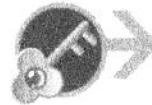

活动规则及步骤

Rules & Steps

Students listen to the recording and circle the words they hear individually.

活动案例

Example

1. The teacher plays the recording to students.
2. Students circle words they heard.
3. Students check the answer with their partners.

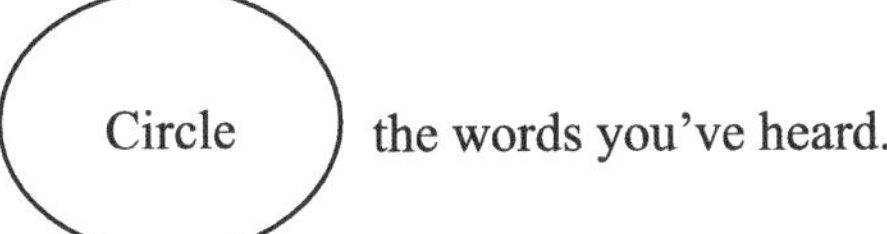

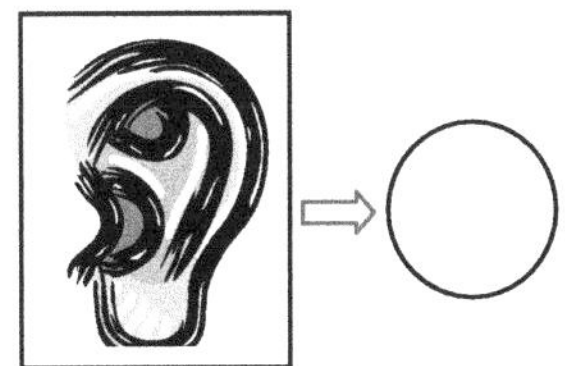

1) I have a hat / shirt / coat.
2) I have a shirt / coat / T-shirt.
3) He has a pair of pants / shoes / socks.
4) She has a pair of jeans / socks / shoes.
5) He has a T-shirt / skirt / scarf.
6) She has a shirt / skirt / scarf.

活动分析及应用

☆ **活动分析：**

此活动主要照顾自我认知智能学习者和语言文字智能学习者，训练学生个人的听辨能力，着重练习或复习词汇和语法。

☆ **活动应用建议：**

1. 可以作为练习和复习等教学环节的活动。

2. 可以使用个人活动(Individual work)来进行。

3. 此活动可以转换成为 listen and tick(听后打钩), listen and underline(听后下划线)等活动。

Tips

Skills: listening.

Language: vocabulary, grammar.

Styles: can be a practice, a review, etc.

Organization: individual work.

5. Test your memory

活动规则及步骤

Rules & Steps

1. The teacher shows a picture to students to watch for a few seconds.
2. Students try to remember the items in the picture.
3. Then the teacher covers the picture and asks students to write down the items they can remember individually.

活动案例

Example

1. The teacher shows the following pictures to students.
2. Students try to remember the items in the picture.
3. The teacher covers the picture and let students write down what they can remember.
4. Students check their answers with partners.

Key

sofa, dresser, bed, desk, chair, table

活动分析及应用

☆ 活动分析：

此活动主要照顾自我认知智能学习者，着重练习或复习词汇。学生自己观察和记忆，并凭记忆写出相应的单词。此活动有利于学生把单词的形与意思结合起来，同时训练学生的记忆力。

☆ 活动应用建议：

1. 可以作为热身、练习和复习等教学环节的活动。
2. 可以使用小组个人活动（Individual work）、全班性活动（Whole class work）来组织。
3. 可以转换为文字的记忆。例如，消失的单词。提供一些单词给学生看一分钟，然后让单词消失，让学生说出或写出刚才看见的单词是哪些。

Tips

Skills: writing.

Language: vocabulary, grammar.

Styles: can be a practice, a review, a warmer etc.

Organization: individual work, whole class work.

练 习 题

请为自我认知智能学习者设计 2～5 个英语教学活动。请写出活动规则及步骤，并就以下问题进行说明：

1. 这些活动的设计意图是什么？
2. 如何调整这些活动的难易度？
3. 这些活动能否转换成为能够达成相同或相似意图的其他教学活动？若能，如何转换？

第十五章

为自然观察者智能学习者设计的活动

Activities for Naturalist Intelligence

☆ Secret Santa Claus 神秘的圣诞老人

☆ Weather observer 气象观察员

☆ Festival cards 节日卡

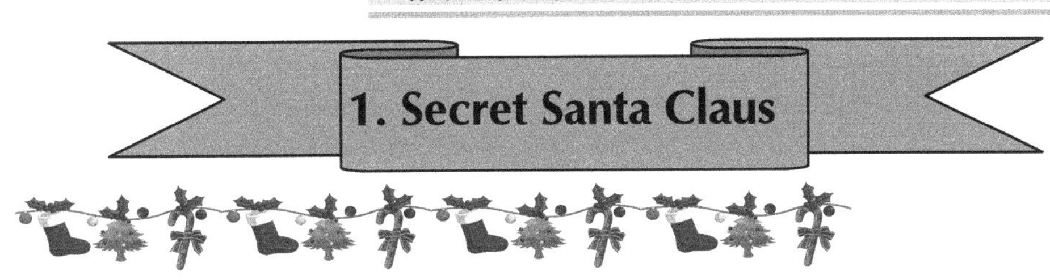

1. Secret Santa Claus

活动规则及步骤

Rules & Steps

1. Each student writes his/her name on a piece of paper. All names are then collected by the teacher.

2. The teacher tells students that they are going to give each other presents for the festival since Christmas is coming soon.

3. Each student picks a piece of paper with a hame on it randomly from those names the teacher has collected. He/She will be the guy's "Secret Santa Claus" and send a present to him/her.

4. On the back of the paper, he/she draws a picture of the present they would like to give to the person.

5. When everyone has finished, students stand up. They give their "presents" to his/her classmates and explain why they chose such a present. The students who receive "presents" thank them and explain why they like the presents.

6. Teacher monitors and helps students who are not sure what to do.

活动案例

Example

Aha, I get the name of Li Ming. I'll be his secret Santa Claus. I'll send him a present.

Li Ming

活动分析及应用

☆ **活动分析:**

此活动主要照顾自然观察者智能学习者，以英语口语训练为主，着重练习或复习语法。

自然观察者智能强的人对环境和文化等方面感兴趣。西方文化的体验在英语语言的学习中是很有必要的。因此，在课堂上给学生介绍和让学生感受文化，也是很重要和有趣的活动。

☆ **活动应用建议:**

1. 可以作为练习和复习等教学环节的活动，也可作为西方文化感受的活动。
2. 可以使用全班性活动(Whole class work)来组织活动。

Tips

Skills: speaking.
Language: grammar.
Styles: can be a practice, a review, etc.
Organization: whole class work.

2. Weather observer

活动规则及步骤

Rules & Steps

1. The teacher asks students to take down notes everyday about weather and write observation diaries or fill in tables of observation.

2. Students give a brief reports after one week observation .

活动案例

Example

1. The teacher asks students to take down information of the weather everyday and fill in the following table.

2. Students give a brief introduction to “the weather of a week” in class.

The weather of a week.

	Sunday	Monday	Tuesday	Wednesday	Thursday	Friday	Saturday
Weather	*Windy*						
Temperature	*11-23 ℃*						

活动分析及应用

☆ 活动分析:

此活动主要照顾自然观察者智能学习者和语言文字智能学习者，以英语写作的训练为主，着重练习或复习词汇和语法。

以自然观察者智能为优势智能的学习者具备很强的认识、感悟、辨别、观察和适应自然事物、自然现象和自然环境的能力。他们喜欢观察、分辨、归类与计划。学生通过观察气象，记录相关信息，整理成小报告或者口头介绍给同学，能发展他们的自然观察智能以及他们的思维能力和表达能力。

☆ **活动应用建议:**

1. 可以作为练习和复习等教学环节的活动。
2. 可以使用小组(Group work)、两两活动(Pair work)来开展活动。

Tips

Skills: writing.

Language: vocabulary, grammar.

Styles: can be a practice, a review, etc.

Organization: group work, pair work.

3. Festival cards

活动规则及步骤

Rules & Steps

1. The teacher provides some materials for students to make cards for somebody he/she likes.
2. Students can use scissors and glue to make cards, and write down their wishes on cards.

活动案例

Example

1. The teacher organizes students to make New Year cards.
2. Students cut papers to make cards and draw pictures on them.
3. Students send their cards to the one he/she likes.

New Year Card

Card 1:

Card 2:

Card 3:

Pictures:

活动分析及应用

☆ **活动分析:**

此活动主要照顾自然观察者智能学习者，以英语写作训练为主，着重练习或复习词汇和语法。同时此活动也能照顾身体运动智能学习者。

智能存在于学习者所处的文化中。一个人智能的发展和周围的环境息息相关。课堂活动的设计与应用要情景化和生活化，英语的学习和应用要能解决日常生活的实际问题。在此活动中，学生能够感受到中西不同的文化。同时，能训练英语表达能力。

☆ **活动应用建议:**

1. 可以作为热身、练习和复习等教学环节的活动。
2. 可以使用个人活动(Individual work)和两两活动(Pair work)来组织活动。

Tips

Skills: writing.

Language: vocabulary, grammar.

Styles: can be a practice, a review, a warmer etc.

Organization: individual work, pair work.

练 习 题

请为自然观察者智能学习者设计 2～5 个英语教学活动。请写出活动规则及步骤，并就以下问题进行说明：

1. 这些活动的设计意图是什么？
2. 如何调整这些活动的难易度？
3. 这些活动能否转换成为能够达成相同或相似意图的其他教学活动？若能，如何转换？

后　记

2005 年至 2006 年，本人有幸到加拿大访学，获得了 TESL 证书。在学习期间，加拿大课堂上多元化的教学活动给了我很深刻的印象，让我感触颇深。虽然国内英语课堂上教师也有采用对话(Make dialogues)、填空(Fill in blanks)、多项选择(Multiples choices)和角色扮演(Role play)等教学活动，但活动开展的频率不够足，效率不够高，而且有些流于形式。国内的外语课堂相对丰富，相对其他学科来说，已经有一定的先进性。但总的来说，国内的课堂教学活动还是比较单一，课堂氛围仍然不够活跃，学生学习的参与度仍然不够。也许有人认为这是中西方差异所致，认为与西方人相比，东方人相对含蓄，而且表达不够大胆。但本人看来，这与教师有没有将课堂学习和学生的个性需求相结合，有没有创建一个能够让学生放松、投入的学习环境有很大的关系。

在加拿大学习期间，教师让我们学习了不少外语教育教学理论和语言学习理论，其中，多元智能理论给了我很多的启示。于是，我开始从多元智能的角度出发研究多元智能活动。回国之后，在自己的课堂上也开始有意识地根据学生的个性和需求调整课堂教学活动，加入了不少课本里没有的活动，或者根据教学需求，替换了一些课本的教学活动。本人欣喜地发现，这些尝试让课堂出现了变化：课堂上的欢声笑语多了，学生放松了，更加愿意与他人交流了，学生变得大胆发言了。这些变化，让我很受鼓舞。

后来，除了教授英语语音、英语阅读和综合英语这些课程之外，本人开始教授教师教育课程，包括英语教学论、英语教学技能等课程；同时，还指导学生进行教育见习与实习。在教学和指导学生的过程中，本人发现实习师范生的英语授课比较死板，缺乏生气和灵动。实习生在课堂上知识讲解多，学生的练习少，课堂上多是老师在演“独角戏”，学生对英语的兴趣不高，甚至是排斥英语。这种现象在不少中小学，特别是乡镇中小学，比较普遍地存在。

于是，我让学生学习多元智能理论并开始学习设计和应用多样化的课堂教学活动。让这些未来的老师了解自己学生的个体差异，让他们把学生的需求放在重要的位置并明白课堂活动多样化的重要性。同时，为了让学生更好地了解和应用教学活动，本人开始写讲义并在授课中使用。

令人欣慰的是，所培养出来的学生在教育实习和毕业后的工作中，他们尝试使用了多样化的教学活动并让传统的课堂有了改变：学生对英语学科产生了兴趣，学生也愿意尝试加入到英语课堂学习活动中了。但美中不足的是，由于学生教学资历尚浅，课堂调控能力不足，在教学活动的实际组织过程中，有时候在课堂组织的方面把握不够好，从而影响了活动的成效。因此，本人加强了对活动组织形式的研究，期望师范生能进一步加强英语课堂活动的管控能力和应用能力。

从本书雏形的产生至今已有十年之久，但由于本人教学理念一直在更新，教学活动的设计也一直在不断地变化和改善，所以没能很好地用文字呈现出来。由于强调此书的实用性，所以在理论方面，尽量深入浅出，阐述主要理论的要点。同时，本书理论与案例相结合，通过具体的案例分析与说明，让读者更容易理解和了解课堂教学活动的设计及应用。

在本书的写作过程中，得到了家人、同事、老师、学生和朋友的大力支持和帮助，在此表示衷心的感谢！

由于笔者水平有限，本书还存在不少不足之处，恳请各位读者指正。

作　者

2017 年 6 月